中国古瓷鉴定笔记

姚江波 / 著

YOUGONGYIPIAN

釉工艺篇

江西美术出版社
全国百佳出版单位

广西高校人文社会科学重点研究基地——西江流域民间文献研究中心资助项目

图书在版编目（CIP）数据

中国古瓷鉴定笔记·釉工艺篇/姚江波著. —南昌：江西美术出版社，2019.1
ISBN 978-7-5480-6338-4

Ⅰ.①中… Ⅱ.①姚… Ⅲ.①瓷器(考古)—鉴定—中国 Ⅳ.①K876.34

中国版本图书馆CIP数据核字(2018)第194103号

出 品 人：周建森
责任编辑：王洪波　窦明月　滕斯钰
责任印制：谭　勋
装帧设计：梅家强　胡文欣　先鋒設計 PIONEER DESIGN

书　　名：中国古瓷鉴定笔记·釉工艺篇
著　　者：姚江波
出　　版：江西美术出版社
社　　址：南昌市子安路66号　邮编：330025
电　　话：0791-86565819
网　　址：www.jxfinearts.com
经　　销：新华书店
印　　刷：浙江海虹彩色印务有限公司
版　　次：2019年1月第1版
印　　次：2019年1月第1次印刷
开　　本：787×1092 1/16
印　　张：11
书　　号：ISBN 978-7-5480-6338-4
定　　价：68.00元

目录
Contents

本书
使用方法

本书以直述鉴定要点为主，文字简练，兼顾学术性、常识性、趣味性，过于专业、不可操作、与收藏者无关的内容已回避，读熟之后，可与您收藏的彩釉瓷器进行对比：如，对应珍珠地在色彩上的异同，以及划花的装饰手法，看您的宝贝是否属于精致瓷器的范畴；观察纹饰的题材，以准确判定时代。对比彩釉瓷器的造型，着重看各个章节中有关彩釉器皿在造型上的实例，其造型多被限定在一定的范围之内，如瓶和枕等多见，之后再从细部入手，如对口部、唇部、沿部、腹部、底部、足部等特征，进行详细的解析，以从造型上达到鉴赏的目的。像这样的例子在本书中枚不胜举，纹饰、釉色、尺寸、化妆土、完残、窑口、原料、淘洗、粗细程度、杂质、夹砂胎等鉴定要点，交相辉映，互为依托，最终实现了诸多鉴定要点相互验证的目的。

另外本书具有以下三个特点：

一、 本书的编写原则是：具体而细微地指导收藏爱好者由一件瓷器的细部（釉色、流釉、均匀、稀稠等）去鉴别古瓷器之真假、评估古瓷器之价值，力求做到使藏友读后由外行变成内行。

强调： 实战性　指导性　工具性　学术性

体现： 实用价值

二、 本书从文物鉴定的角度出发，以科学考古发掘所出土的器物为依据，力求每一句话都以出土器物为佐证，将文物置于时代和社会历史大背景下来考虑，以确保本书的科学性、严谨性和可读性。

三、 本书的写法分三步走：
① 断定时代
② 辨别真伪
③ 评判价值

这是收藏的三要素，缺一不可，整本书以此为线索，贯穿于每个章节，如，将价值划分为研究价值、艺术价值、经济价值，并详细介绍这三种价值之间的辩证关系，使读者真正领悟收藏，从收藏中受益。

本书的主要目的，是要通过瓷器釉质主要特征看到瓷器的全貌，从而使收藏者真正得到帮助。功能十分具体，收藏者在逛市场和到拍卖行时可以拿此书对比，这是新手和资深鉴赏家都很需要购买的书。（书中多数珍品为首次发表）

前言

QIANYAN

中国古代瓷器的流光溢彩得益于它的釉质，自东汉晚期瓷器烧制成功以来，在漫长的古瓷器烧制史中，青瓷、白瓷、青白瓷、秘色瓷、青花瓷、五彩瓷、粉彩瓷、斗彩瓷、珐琅彩瓷……星光灿烂。越窑的"青翠欲滴"，邢窑的"白如雪"，汝窑的"天青釉"，钧窑的"天蓝釉"、"玫瑰紫"、"海棠红"等，无不给人们留下了深刻的印象。釉工艺承载着古瓷器最为众多的技术水平及鉴定要点，如钧窑瓷器的釉是浑浊，失去透感的，但这些却使得钧瓷中的天蓝釉更接近于现实中的蔚蓝天空，看钧瓷天蓝釉就像是我们看到的蔚蓝天空的尽头一样具有朦胧感，深浅不一的色调，以及流动变化的釉质感、肥厚的釉质等，

从而形成了钧窑瓷器在釉质上最本质的特征。本书力求将浩瀚的古瓷器史以浓缩的形式呈现给读者，将色釉瓷、黑瓷、钧瓷、白釉画花瓷、绞胎釉瓷、三彩釉瓷、珍珠地划花瓷、酱釉瓷、褐釉瓷、青白釉瓷、黄釉瓷、紫釉瓷、缸胎釉瓷、兔毫釉瓷、油滴釉瓷等不同品类瓷器的鉴定依据以精练语言罗列成条目，在这些条目之下，又有很多鉴定依据，如釉质篇就分为：釉色、深浅、浓淡、厚薄、杂质、气泡、胎釉、均匀程度、光泽、手感等，这些大大小小的鉴定依据环环相扣，互为依托，形成了一个规模庞大、总条目达上千条的图文图书，使纷繁复杂的古瓷器变得十分具体，充分体现的是客观性、系统性、连贯性、对比性的

编排，使读者一目了然。

本书以笔记体的方式为读者剖析瓷之釉，力求通过以点带面的方式来揭开诸多瓷器品类在釉工艺上的前世今生。如越窑青瓷普遍使用浸釉法施釉，化妆土得到普遍应用，从而使得越窑烧制出了如脂如玉的青瓷，其釉色完全可以和自然界中的青色相媲美，达到了青瓷器烧造的最高境界。钧瓷中的玫瑰紫釉在概念上比较容易理解，从本质特征上看是一种高温还原铜红釉，釉内含少量釉是在高温还原的气氛中烧制而成，色彩红中有紫、紫中有红，紫红中又有蓝、褐等色，窑变气氛浓重，犹如绽放的玫瑰；钧瓷之所以烧造如此工艺复杂的玫瑰紫釉，主要是基于玫瑰紫与钧瓷的青色调之间的巨大色彩差异。而钧瓷就是通过这些强烈的外部刺激触动人们的情怀，感悟到人生之美。同样汝窑、以及景德镇窑都是以此为美，在釉色上向着一方面更加多元化的方向发展，如青瓷、黑瓷、白瓷、青白瓷、青花瓷、暗红瓷、祭红瓷、玫瑰紫瓷、海棠红瓷、天蓝釉瓷、天青釉瓷、甜白瓷、绿釉瓷等；另一方面向着更加单一化的方向发展，如汝窑瓷器基本就是以天青釉为主，只是

对于天青釉的工艺也是极尽心力，南宋周辉《清波杂志》中惊奇地写到"汝窑宫中禁烧，内有玛瑙末为油"，可见汝窑天青釉在制作上的工艺之美。

总的来看，中国古代瓷器在釉工艺上进行了诸多的革新，尝试了不同烧造方法及釉质用料，以极低的价格烧制出幻化般的色彩，这似乎是给寂寥的历史最为珍贵的礼物。流光溢彩的颜色不同时代均有出现，青瓷、绞胎瓷、三彩瓷、青花瓷等，釉质上的精品力作灿若星河，枚不胜举，美不胜收，影响十分深远，被历代收藏者所追逐；但自20世纪80年代之后，由于收藏热的兴起，在暴利的驱使下，作伪的器皿大量出现，鱼龙混杂，真伪难辨。本书从文物鉴定的角度入手，力求将错综复杂的问题简单化，直述鉴定要点，目的是能够通俗易懂，使读者看后能够断时代、辨真伪、评价值。以上诸瓷不足以涵盖所有瓷器，但研究笔记，日日更新，相信通过笔记不断出版，终能精卫填海。以上是本书所要坚持的，但一种信念再强烈，也不免会有缺陷，希望不妥之处，大家给予无私的批评和帮助。

上篇

色　釉　瓷

黑瓷　钧瓷

白釉画花瓷

第一章 | 色釉瓷

第一节 ○ 釉质特征

开片

背景信息： 开片是瓷器釉面在烧造过程当中出现的裂纹（图 1-1），无规律地排列着，为窑内缺陷的一种，视觉概念，并不影响实用。开片在色釉瓷上有见，可以说是贯穿于色釉瓷发展始终，但开片只能说是部分色釉瓷器的专利，如哥窑瓷器，绝大多数色釉瓷器，特别是以陈设装饰功能为主的蓝釉、孔雀绿釉、冬青釉、仿哥釉、仿汝釉等在色釉瓷器之上的表现并不明显。由此可见，开片只是色釉瓷器的点缀，而不是主要特征。

鉴定要点：

1、从形状上看。色釉瓷的开片各种形状都有见，如长条状、大开片、小开片、稀疏开片、细碎开片、细小开片等（图 1-2），不过这些开片主要在以实用器功能为主的青、白、黑、黄等色釉瓷器之上出现，而在以陈设装饰功能为主的蓝釉、孔雀绿釉、冬青釉、仿哥釉、仿汝釉等色釉瓷器上出现的比较少，原因是多数较为名贵的色釉瓷器对开片进行了很好的控制，将其控制在视觉难以察觉的状态。鉴定时应注意分辨。

中国古瓷鉴定笔记
釉工艺篇

02

▲图 1-1　有开片绿釉执壶　唐代

▲图 1-2　仿哥釉细开片瓷器标本　明代

2、 从时代上看。有开片的色釉瓷器在时代特征上比较明显（图1-3），以早期青、黑、白等色釉瓷器为主。明清时期诸多的色釉瓷器之上开片被控制在了微弱的状态。鉴定时应注意分辨。

▲ 图1-3 有开片绿釉瓷器标本 唐代

3、 从窑口上看。中国古代有开片的色釉瓷在窑口特征上具有鲜明的时代特征。生产传统青、黑、白、黄、褐等釉色瓷器的窑口，在开片上比较严重，而生产霁红、霁蓝、胭脂水、茶叶末釉、珊瑚红等这些稀有瓷器品种的景德镇窑在开片上十分轻微，多数观察不到开片的存在。不过无论是景德镇窑还是历史上其他窑口生产的色釉瓷器其实都并不避讳开片的存在，典型的如处于宋代五代名窑之首的汝窑瓷器之上就有蟹爪纹（图1-4）、清代最为名贵的郎窑红瓷器之上也有牛毛状的细丝纹。鉴定时应注意分辨。

▲ 图1-4 蟹爪纹汝窑瓷器标本 当代仿宋

4、 从精致程度上看。有开片的中国古代色釉瓷器与精致程度的关系较为复杂，以实用器功能为主的青、白、黑等色釉瓷器精致、普通、粗糙者都有见；而以陈设装饰功能为主的蓝釉、孔雀绿釉、冬青釉、仿哥釉、仿汝釉等色釉瓷器则不是那么复杂，主要以少量存在的普通和粗糙的瓷器之上开片较为明显为显著特征。鉴定时应注意分辨。

厚薄

背景信息： 色釉瓷器在厚薄上的特征比较复杂（图1-5），主要体现在不同时代和不同窑口的色釉瓷器在釉质厚薄上有区分，不同品类的色釉瓷之上厚薄也有区分等。厚釉与薄釉的色釉瓷在历史上都有见，墓葬和遗址都有出土，但从总量上看主要是以薄釉为显著特征。

▲图1-5 较薄釉粉青釉瓷器标本 清代

▲图1-6 较薄祭红釉瓷器标本 清代

鉴定要点：

1、从程度上看。色釉瓷器在厚薄程度上同样比较复杂，如钧窑瓷器在釉层上较厚，但它是一个过程，并非所有的部位都厚，而是口沿最薄，之后由于釉质流动得很慢，而逐渐形成了一个变厚的过程，通常情况下至底足部时达至最厚，看来是经历了一个由薄到厚的过程。而如祭红釉瓷器则多数是以通体薄釉为主（图1-6）。另外，色釉瓷器在釉层上不仅有厚釉和薄釉之分，而且有时还会出现趋于中性的较厚釉、较薄釉的瓷器。我们在鉴定时应能把握。

2、从时代上看。不同时代的色釉瓷器在厚薄上差异性很大，明清时期以前的色釉瓷器比较复杂，厚薄都有见，如邢窑白瓷主要以厚釉为主，而定窑白瓷则演变成了薄釉为主。而明清时期的色釉瓷器在厚薄程度上则向薄釉的方向发展，基本上以薄釉为主。鉴定时应注意分辨。

3、从窑口上看。在色釉瓷发展史上不同窑场之间釉层的厚度有着差异性，这一点是无疑的，如邢窑与定窑之间、钧窑与汝窑瓷器之间都明显地存在着差异性。但从整体来看，这种差异性并非不能区分，而是比较容易区分，显著特征是厚釉的窑口并不多见，而主要以薄釉为显著特征，无论是官、哥、汝、定等窑口，还是烧制有大量色釉瓷器品种的明清景德镇窑都是这样（图1-7）。

▲图1-7 较薄釉景德镇窑粉青釉瓷器标本 清代

4、从精致程度上看。中国古代色釉瓷器釉层的厚薄与精致程度的关系并不密切，精致、普通、粗糙者都有见。如邢窑白瓷以厚釉而著称，但其精致程度是举世公认的；定窑白瓷以薄釉为著称，却是常见粗糙的器皿；钧窑瓷器的厚度也非常大，但钧窑瓷器确是宋代五大名窑之一，多数瓷器精美绝伦。总的来看色釉的瓷器在釉层上的厚薄显然只与工艺有关，而并不能从很大程度上反映其精致程度的高低。鉴定时应注意分辨。

均匀

背景信息： 均匀指的是色釉瓷釉层均匀的程度，釉质均匀、釉质不均匀，两种状态概括中国古代色釉瓷釉层均匀程度的特征。不过从大量墓葬和遗址出土的色釉瓷来看，釉质均匀显然是其主流特征（图1-8）。

鉴定要点：

▲ 1-8　釉层均匀的黄釉瓷器标本　清代

1、 从釉质均匀上看。色釉瓷器釉层均匀的情况为主流，这一点是不容置疑的，因为多数品类的色釉瓷器在釉层上是均匀的，如白釉、铜红釉、钴蓝釉、冬青釉、仿哥釉、仿汝釉、黄釉、孔雀绿釉、矾红釉、郎窑红釉、豇豆红釉、天蓝釉、酒蓝釉、豆青釉、冬青釉、粉青釉、绿釉、胭脂水釉、茶叶末釉、珊瑚红釉等都是这样。另外，在数量上也占据优势地位。鉴定时应注意分辨。

2、 从釉质不均上看。釉质不均的色釉瓷器虽然不占优势地位，但也是时常有见（图1-9），而且在某些特定的时代和窑口内规模很大，较为典型的如钧窑瓷器。钧瓷在釉层上以厚薄不均而著称，口部与底部的釉层有时可以相差数倍，这一点从视觉观察上已经可以看得很清楚，就不再过多赘述。鉴定时应注意分辨。

▲ 图1-9　釉层均匀的孔雀绿釉瓷器标本　宋代

▲图 1-10　绿釉鼻烟壶　当代仿清

　　3、从时代上看。中国古代色釉瓷器在釉层均匀程度上具有鲜明的时代特征。从釉层极度不均上看，主要以宋元时期的钧窑为显著特征。而其他品类的瓷器则是釉层均匀者丰，而不均者寡，基本上各个历史时期都是这样。

　　4、从窑口上看。不同的窑口在釉质均匀程度上会有不同，只是程度的问题（图 1-10）。如钧窑在程度上可能是最为严重；而定窑则统一表现为薄釉，釉层以均匀为显著特征，不匀者少见；景德镇窑则是多表现出釉层均匀的态势。另外，从官、民窑上看特征也很明显，官窑器皿多以釉层均匀为显著特征，而民窑色釉瓷器则表现出参差不齐的局面。鉴定时应注意分辨。

　　5、从精致程度上看。色釉瓷器釉质均匀程度与精致程度的关系十分密切，通常情况下釉层不均匀的瓷器多数是较为粗糙的瓷器，起码与精致瓷器无缘。但还有一些特殊的情况显然是突破了这一规律，如色釉瓷器中的钧窑瓷器在釉层的均匀程度上显然与此相反，它是以釉层不均为美。鉴定时应注意分辨。

上篇
色　釉　瓷
黑瓷　钧瓷
白釉画花瓷

07

流釉

背景信息： 流釉从理论上看是釉质在高温下的一种活动，任何瓷器之上都应该有流釉的现象（图1-11），只不过是流釉的程度不同而已。流釉现象在色釉瓷器之上常见，但比较复杂，墓葬和遗址内都有出土，件数在一两件，在总量上有一定的量,但总的来看不占主流。鉴定时应注意分辨。

鉴定要点：

1、 从流釉程度上看。色釉瓷在流釉程度上匀净、轻微和严重流釉的情况都有见。轻微流釉的判断取决于我们的视线，如果视觉察觉不到流釉痕迹，我们一般就认为是釉面匀净，这样的色釉瓷器十分常见，从种类上显然是占据主流（图1-12）。如果我们能够看到流釉痕迹，哪怕是一点点的痕迹，这种情况一般我们称之为轻微流釉。从数量上看轻微流釉比较常见，应为色釉瓷器在流釉上的主要特征之一。严重流釉的概念十分清晰，就是人们的视线能够轻易发现它，这种情况在色釉瓷器之上并非主流，但具有一定的复杂性，就在特定时期和窑口内，严重流釉的色釉瓷器比较多，典型的如钧窑瓷器就是这样，以大流釉为显著特征。

▲图1-11　流釉明显的黄釉执壶　唐代

▲图1-12　釉面匀净的黄釉瓷器标本　宋代

2、从流釉部位上看。色釉瓷流釉部位具有鲜明特征。一般情况下流釉都是自上而下地流动，这样的结果使流釉多被限定在下腹、底足部位等（图1-13）。鉴定时应注意分辨。

3、从时代上看。色釉瓷器具有鲜明的时代特征，如唐代半釉处多有流釉，而且多以严重流釉为主；宋元明时期的钧瓷在流釉上也比较严重，多数都是大流釉；而明清时期的诸多色釉瓷器，如胭脂红、祭红、祭蓝、矾红、孔雀绿釉瓷器等，在流釉特征上表现得都比较好。鉴定时应注意分辨。

4、从窑口上看。色釉瓷器在窑口特征上比较明晰，匀净和轻微流釉的瓷器以明清时期的景德镇窑为显著特征；而严重流釉的现象主要以传统青、黑、白、钧等瓷器为主，以钧窑瓷器较为典型，基本上每件瓷器流釉现象都十分严重。鉴定时应注意分辨。

▲图1-13 下腹部有流釉绿釉瓷炉 宋代

5、从精致程度上看。色釉瓷器流釉现象与瓷器精致程度关系并不密切（图1-14），并不是说有流釉现象的瓷器在精致程度上都有问题，如精美绝伦的钧窑瓷器之上大多都有流釉痕，而精致、普通、粗糙的色釉瓷器都有见。鉴定时要注意分辨。

▲图1-14 有流釉的普通瓷盒 明代

杂质

背景信息: 中国古代色釉瓷器在釉面杂质上的情况时常有见, 杂质是一种缺陷。从理论上看没有杂质的色釉瓷器是不存在的, 只是杂质严重程度的不同而已。鉴定时我们应注意分辨。

鉴定要点:

1、从程度上看。 中国古代色釉瓷器杂质根据其严重程度的不同, 可以分为匀净、轻微、严重三个级别 (图 1-15) 。匀净的色釉瓷视觉看不到任何杂质。主要以陈设装饰功能为主的蓝釉、孔雀绿釉、冬青釉、仿哥釉、仿汝釉等色釉瓷器为主; 轻微杂质是指局部、星点状的一些不太明显的杂质。轻微杂质在中国色釉瓷器中也是时常有见; 严重杂质是指人们很容易看出来, 如具有颗粒较大、面积较广等特点。严重杂质主要以实用器功能为主的青、白、黑等色釉瓷器为主。鉴定时应注意分辨。

2、从时代上看。 有杂质的色釉瓷器在时代特征上较为鲜明, 明清时期诸多色釉瓷器杂质被控制在了一个较好的状态, 釉面匀净者数量众多, 轻微和严重杂质的情况只是有见; 而明清时期以前传统的青、黑、白等瓷器在杂质上表现较为复杂 (图

▲图 1-15　釉面匀净的汝窑瓷瓶局部　当代仿宋

▲图 1-16　有杂质的孔雀绿釉花形盘　宋代

▲ 图 1-17 有杂质的孔雀绿釉瓷器标本 宋代

1-16），釉面匀净者少，主要以轻微杂质为主，严重杂质的情况也是时常有见。鉴定时应注意分辨。

3、从窑口上看。中国古代色釉瓷器釉面杂质在窑口上的特征比较明显，主要以官民窑为区分，如汝窑瓷器基本上都是釉面匀净者，几乎轻微和严重杂质的情况；同样景德镇窑生产的众多如郎窑红、茄皮紫、祭红、祭蓝、胭脂红等瓷器也是这样，釉面多匀净，很少见到有杂质的现象。但是众多的民窑色釉瓷器，如生产传统青、黑、白等瓷器的窑口在杂质上则是比较复杂（图 1-17），是匀净、轻微和严重杂质的情况都有见，像著名的邢窑和定窑白瓷都是这样。鉴定时应注意分辨。

4、从精致程度上看。中国古代绞胎、三彩釉面上杂质与精致程度的关系并不复杂，最精致的三彩器皿之上所见杂质很少，绞胎瓷器即使最精致者也会有轻微杂质出现，严重杂质多出现在实用三彩器皿之上。这一点我们在鉴定时应注意分辨。

上篇
色 釉 瓷
黑瓷 钧瓷
白釉画花瓷

11

稠密

背景信息：中国古代色釉瓷器当中釉质稀薄者罕见，因为这不符合色釉瓷器的本质特征（图1-18），难以掩盖色釉瓷器的胎体，影响其色釉的表现，因此通常情况下色釉瓷器多以稠密为显著特征。当然色釉瓷器的釉质稠密没有确切的数据标准，判断的标准主要是以能否看到胎色及化妆土为标准，完全看不到胎色的情况，我们就称之为釉质稠密。

鉴定要点：

1、从厚釉上看。中国古代色釉瓷器中厚釉者与釉质稠密并没有直接的关联，这一点很清楚。较为典型的如钧窑瓷器的釉层多是肥厚的，但我们可以看到其釉质是相当的稠密。像这样的例子还有很多，我们就不再一一赘述。

▲图1-18　釉质稠密的红釉瓷尊　清代

2、从薄釉上看。薄釉与中国古代色釉瓷器的关系很微弱。如明清时期的祭红釉、祭蓝釉、冬青釉、粉青釉、茶叶末釉等瓷器在釉质上比较薄(图1-19)，其釉质却是相当的稠密，完全看不到胎体。鉴定时应注意分辨。

▲图1-19　釉质稠密的茶叶末釉瓷器标本　当代仿清

3、 从时代上看。釉质稠密的色釉瓷器具有鲜明的特征，除了宋代定窑白瓷以薄釉著称之外，基本上各个时代都是以釉质稠密为显著特征。

4、 从窑口上看。釉质稠密的色釉瓷在窑口上特征鲜明，除了宋元时期的定窑外，历史上的窑口多数都以稠密釉为显著特征（图1-20），如著名的邢窑、钧窑以及后来景德镇窑等都是这样。

▲ 图 1-20　釉质稠密的黑定盏　宋代

5、 从精致程度上看。中国古代色釉瓷器中釉质稠密者与色釉瓷器的精致程度没有必然的联系，精致、普通、粗糙者都有见。鉴定时应注意分辨。

第二节 ● 施釉特征

通体施釉

背景信息：通体施釉的色釉瓷器在墓葬和遗址中都有见（图1-21），在总量上有一定的量，但总体不占优势。

鉴定要点：

1、从时代上看。通体施釉的色釉瓷器在时代特征上十分鲜明，历代都有之，只是在数量上有很大的区别。东汉六朝时期可以说通体施釉的色釉瓷器比例很小；隋唐五代时期数量有所增加，但从总量上看依然很小；宋代是通体施釉的色釉瓷器较为鼎盛的时期，当然这与该时期为中国古代瓷器鼎盛期，以及官民窑界限的清晰有密切关联；元代通体施釉的色釉瓷器在数量上有一个很大的锐减；明清时期通体施釉瓷器的数量激增（图1-22），显然超越了宋代，成就了通体施釉瓷器的辉煌。鉴定时应注意分辨。

2、从窑口上看。色釉瓷通体施釉窑口特征异常鲜明，一些特定的窑口内常出现通体施釉的色釉瓷，当然这些特定的窑口常常是官窑或者与官窑瓷器有着千丝万缕的联系。如宋代官、汝瓷器基本上都是通体施釉，还有曾经为宫廷烧造过瓷器的钧台窑和八卦洞窑中有许多瓷器都是通体施釉，这样做的目的很明确，一则是不计工本的烧造，二则最重要的是为了不划伤宫廷内许多用紫檀和红木制作而成的家具，所以官窑瓷器基本上以通体施釉者为多见。明清时期的景德镇窑也延续了这一传统，在通体施釉上表现得尤为突出，多数珍贵的色釉瓷器都是施满釉。鉴定时应注意分辨。

▲图1-21　通体施釉的红釉瓷尊　清代

▲图1-22 通体施釉的红釉瓷瓶 清代

3、从精致程度上看。通体施釉的色釉瓷与精致程度的关系十分密切（图1-23）。通体施釉出现在色釉瓷器之上，多数意味着与官窑有密切的关联，因此在精致程度上多数为精美绝伦的瓷器。偶见有普通和粗糙者。这一点我们在鉴定时应注意分辨。

▲图1-23 通体施釉"类汝似钧"天蓝釉瓷器标本 宋代

局部施釉

背景信息： 局部施釉在色釉瓷器中常见，特别是在以实用器功能为主的青、白、黑等色釉瓷器之上常见（图1-24）。以陈设装饰功能为主的蓝釉、孔雀绿釉、冬青釉、仿哥釉、仿汝釉等色釉瓷器之上所见不是很多。

▲ 图1-24　局部施釉黑瓷灯　明代

▲ 图1-25　"大清光绪年制"未施釉瓷尊底部清代

鉴定要点：

1、 从种类上看，色釉瓷局部施釉在种类上并不复杂。主要分为两种情况：一是以实用器功能为主的青、白、黑等色釉瓷器在种类上比较多，如施釉不及底、半釉、仅至下腹、除底外、除底足外、施釉近足部等都有见。而以陈设装饰功能为主的蓝釉、孔雀绿釉、冬青釉、仿哥釉、仿汝釉等色釉瓷器则是种类逐渐减少，主要以施釉不及底为显著特征，半釉、仅至下腹等在数量上锐减到了相当的程度。

2、 从时代上看。局部施釉的色釉瓷器在时代特征上较为鲜明（图1-25），贯穿于整个色釉瓷史，各个时代都有见，只是在出现频率上和种类上有所不同，是一个由多向少演化的过程。明清时期几乎固定到了一种形式，除底或者足外均施釉。鉴定时应注意分辨。

▲图1-26 普通孔雀绿釉瓷瓶 宋代

3、 从窑口上看。色釉瓷局部施釉在窑口特征不是很明确，基本上各个时代的各大窑场都是大量烧造，总体是民窑烧造为主。鉴定时注意分辨。

4、 从精致程度上看。中国古代色釉瓷器中局部施釉者与精致程度的关系十分复杂（图1-26），既有精致色釉瓷，也有普通色釉瓷，更有粗糙色釉瓷，但从数量上看，显然以普通和粗糙的瓷器为主，精致的瓷器几乎为偶见。

第一节 ○ 釉质特征

开片

背景信息： 黑瓷有开片的器皿比较常见。开片是在烧造过程当中釉面出现的裂纹，这种裂纹多是无规律地排列着，为窑内缺陷的一种（图2-1）。开片通常为视觉上的盛宴，并没有具体的尺寸上的特征，墓葬和遗址内都有见。从件数特征上看，墓葬出土多为一两件，遗址内出土有开片的器皿数量众多，由此可见，开片在黑瓷之上有一定的量，但显然并不占主流地位，为黑瓷釉面之上最重要的釉质特征之一。鉴定时应注意分辨。

鉴定要点：

1、 从形状上看。黑瓷开片的形状可以说没有什么规律，各种各样的开片都有见。如果人为地将其划分开来，大致可以划分为长条状开片、大开片、小开片、稀疏开片、细碎开片、细小开片等。这些开片的形状大体是可控的，但是只能从宏观上来进行控制，而不能完全从微观上来对开片的形状进行控制。但从实物观测来看，黑瓷对于开片的控制还是比较好。鉴定时应注意分辨。

2、 从时代上看。黑瓷开片在东汉六朝时期就有见，而且是比较普通，但是漆黑的釉面遮挡住了许多开片，所以看起来不是很严重。隋唐五代时期开片的数量、程度、大小都有一定程度的减弱，再加之浓重的釉色开片愈发不明显（图2-2）。

▲图2-1 略有开片的黑白瓷鼻烟壶 民国

▲图2-2　无开片黑瓷罐　明代

3、 从窑口上看，中国古代黑瓷开片在窑口上的特征比较明显。无论是著名的德清窑，还是普通搭烧黑瓷的窑场，基本上在开片的控制上都是比较随意，而且很少见到对开片的控制。如果说有对开片的控制，那就是一个极端化的现象，基本上在釉面之上看不到开片。比较典型的如定窑生产的黑定瓷器，在其釉面之上看不到开片；还有就是建窑生产的精致茶盏，宋元时期也很少看到开片的存在。显然是对开片进行了一些控制，而且这种控制是全面的。鉴定时应注意分辨。

4、 从精致程度上看。黑瓷开片与精致程度有着密切关联，通常情况下黑瓷并不控制开片，主要是靠浓重的釉色去掩盖（图2-3）。只是一些精致的黑瓷对开片进行控制，如东汉六朝时期的德清窑精致黑瓷器，特别是一些色彩较为纯正的黑、漆黑釉瓷器很少见到有开片的现象，还有在黑定瓷器之上也较少见到开片。我们知道黑定瓷器是比定窑白瓷烧造更为精致的瓷器，在这样精致瓷器之上都看不到开片，显然是对开片进行了全面的控制。从精致程度上看，开片与黑瓷普通和粗糙瓷器的关系密切，特别是以粗糙瓷器的关系非常密切，多数有开片的瓷器都是些粗瓷。鉴定时应注意分辨。

▲图2-3　无开片黑瓷瓶　明代

厚薄

背景信息： 釉质的厚薄实际上是视觉上的概念。对于黑瓷而言，釉质可以说是以薄釉为显著特征，但黑瓷的薄，并不像定窑白瓷那样异常的薄，而是一种较薄釉，有的情况下黑瓷的釉质还会略厚一些。由此可见，在黑瓷之上厚釉与薄釉同时存在，只是出现的频率不同。鉴定时应注意分辨。

鉴定要点：

1、 从程度上看。黑瓷厚薄程度异常复杂；从宏观上看，主要分为较厚釉、较薄釉、薄釉三个层次，非常厚的釉不见，由此可见，这似乎是一个发展的历程。而实际上对于黑瓷来讲这个历程是不存在的，较厚釉、较薄釉，以及薄釉并列存在（图 2-4），其中以较薄釉在数量上最多，较厚釉和薄釉不是很常见。

▲图 2-4　釉层略厚黑定茶盏　宋代　林业

2、 从时代上看。中国古代黑瓷在厚薄程度上时代特征明晰，但黑瓷的发展不应用纯粹的时代概念来界定。就是在较薄釉、较厚釉和薄釉上，实际上在东汉晚期德清窑时期就并存，隋唐五代和宋元时期都是这样，明清时期基本上没有太大变化，区别就是各个时代在较厚釉、较薄釉、薄釉使用的数量上有多少而已。这一点我们在鉴定时应注意分辨。

3、 从窑口上看。中国古代黑瓷在厚薄特征上与窑口的关系并不明确，无论是德清窑、建窑，还是定窑生产的黑定瓷器窑口特征基本上都相似，较厚釉、较薄釉和薄釉并存，而一些小的窑场所生产的黑瓷在厚薄上与这些主流的窑场相似（图 2-5），因此黑瓷在厚薄上基本上可以说没有特定的窑口特征。

4、 从精致程度上看。中国古代黑瓷的釉质厚薄与精致程度的关系密切，较厚釉的黑瓷多数情况下与精致瓷器有着明显的关联，这一特征在早期表现得还不是很明显，如德清窑较厚釉和较薄釉的黑瓷并不能成为区分精致、普通与粗糙瓷器的标准，而在唐宋时期这一点就表现得比较明显。如定窑的黑定瓷器多数情况下为较厚釉，还有建窑精致黑瓷较厚釉的情况也比较多；而较薄釉的瓷器精致者也有见，但数量有限，主要以普通瓷器为显著特征，数量众多；真正薄釉的黑瓷在数量上非常少，而且多数与较为粗糙的瓷器有关，我们经常可以看到一些粗糙的瓷器釉不附体，釉层非常的薄，有的时候还有胎釉剥离的现象，这种情况显然是由于釉质过薄而引起，由此可见，黑釉瓷器在精致程度上与釉层厚薄的关系十分密切 (图 2-6)。这一点我们在鉴定时应注意分辨。

▲图 2-5　釉层略薄黑瓷标本　明代

▲图 2-6　略粗较厚釉黑瓷碗　明代

均匀

背景信息： 黑釉瓷器在釉层的均匀程度上多数比较好，釉层表现为均匀，凹凸不平的现象少见，但是黑釉瓷器显然还是可以分为釉层不均和均匀两种情况。下面我们具体来看一下：

鉴定要点：

1、 从釉质均匀上看。中国古代黑瓷由于釉层均匀者常见，可以说是黑瓷釉质的主流。通体均匀者有见，不过数量比较少，绝大多数是局部均匀，如内外均匀的程度，很多器皿外部均匀，而器内施釉就不是很均匀，这主要与黑瓷实用器的功能有关联。如黑瓷罐的外部施釉是为了吸引人们的眼球，也是为了实用的需要，而内壁施釉客观上没有这个必要，从这一点上讲黑瓷是放松了对其器物内壁的施釉，特别是看不到器物内壁的器皿，如罐、瓶等常见。

2、 从釉质不均上看。中国古代黑瓷中釉质不均者常见，从概念上看釉质不均匀与局部均匀基本上可以划上等号。因为釉层不均从本质上讲应该是一种缺陷，但由于釉质不均是一种缺陷，它的形成主要与釉层的厚薄以及窑内缺陷有一定的关联（图2-7）。从部位上看，釉层不均发生的部位基本上以器物的近底足处为多见，但黑瓷釉质不均的情况与其他釉质特征相比显然还不是很严重。从釉质的厚薄上看，较厚釉不均的情况很少见，较薄釉不均匀的情况也很少见，反而是薄釉不均的情况比较常见。这一点在鉴定时应注意分辨。从数量上看，釉层不均的黑瓷显然要比釉层均匀者在数量上要丰富。鉴定时应注意分辨。

▲图2-7　釉层略有不均的黑瓷罐　宋代

3、从时代上看。黑瓷釉质均匀程度在时代上特征不是很明显，从东汉六朝直至明清等各个历史时期在釉层均匀程度上基本以均匀为显著特征，釉层不均的情况主要以局部不均为主，如果相比较而言可能唐宋时期在黑瓷的均匀程度上比较好。鉴定时应注意分辨。

4、从窑口上看。中国古代黑瓷窑口特征与釉层的均匀程度有一定的关联，通常情况下一些名窑黑瓷在釉层的均匀程度上都比较好，如定窑的黑定在釉层的均匀程度上几乎是完美的（图 2-8），很少有釉层不均的情况，但是在一些乡村级的土窑烧造的黑釉瓷器之上釉层不均的情况时常有见。

5、从精致程度上看。中国古代黑瓷釉质不均的现象与精致程度实际上有着一定的关联，特别是通体均匀的黑瓷多是精致瓷器。如黑定瓷器基本上都是釉层均匀者；普通瓷器所对应的多是釉层局部均匀的黑瓷，通体均匀者很少见；粗糙黑瓷所对应的基本上都是一些釉质不均的情况。这一点我们在鉴定时要注意分辨。

流釉

背景信息： 流釉是釉质在流动的过程当中形成的堆积或者是痕迹（图2-9），一般情况下流釉是看不到痕迹的，看不到痕迹的流釉称之为釉面匀净。不过实际上任何瓷器都是有流釉的，流釉是一种窑内缺陷，只不过是我们的视觉能够观察到或是观察不到而已。总的来看黑瓷流釉现象并不严重，多数黑釉瓷器还是比较注重流釉这一缺陷的。

鉴定要点：

1、 从流釉程度上看。中国古代黑瓷在流釉程度上同样可以分为釉面匀净、轻微流釉和严重流釉的情况。轻微和严重流釉的区别主要在于我们的视觉，如果我们观察到黑瓷釉面流釉的痕迹比较轻微，显然是轻微流釉；如果我们的视线观察到釉面流釉痕迹比较大，那么显然这就是一种严重流釉了。

▲图2-9 略有流釉的黑瓷小口瓶 五代

2、 从流釉部位上看。中国古代黑瓷在流釉的部位上特征是比较复杂的，多数情况下还是在器物的近底足处流釉（图2-10），但是也有在器物的腹部，甚至口沿处有流釉现象，这主要与器物的造型有一定的关联，但总的来看流釉现象不是很严重，施半釉的情况也非常轻微。鉴定时应注意分辨。

3、从时代上看。中国古代黑瓷流釉现象在时代特征上比较明确。东汉六朝时期德清窑黑瓷流釉的现象不是很严重，隋唐五代时期黑瓷流釉现象有所加重，但还是在可控的范围之内，宋元时期基本上延续传统，在一些精致的瓷器之上基本上杜绝了流釉的现象，这说明黑釉瓷器流釉的现象并不是很严重，明清时期在流釉程度上更好一些。鉴定时应注意分辨。

▲图2-10　略有流釉的黑瓷瓶　明代

4、从窑口上看。黑瓷流釉的现象在窑口上特征并不是很明显（图2-11），著名的德清窑黑瓷主要以轻微流釉为主，无流釉的现象也很多，宋代定窑瓷器中的黑定也是这样，即使流釉也是极其微弱的轻微流釉，其他的例子不再过多赘举。

▲图2-11　略有流釉的黑瓷碗　金代

5、从精致程度上看。中国古代黑瓷的流釉与精致程度关系十分密切。通常情况下精致的瓷器很少见到有流釉的现象；普通瓷器之上流釉的现象较为常见，但在数量上显然不能占据主流地位；黑瓷流釉主要以粗糙瓷器为显著特征，在粗糙瓷器之上存在着较多、较大的流釉痕迹，这一点无论是专一烧制还是搭烧的窑场都是这样。鉴定时我们要注意分辨。

杂质

背景信息： 杂质是所有瓷器釉面上都应该有的现象（图2-12），但这是理论上的。因为即使淘洗再精炼的釉质都不可能去除所有的杂质，但只要我们的视觉观察不到，既可认为釉面是匀净的；有杂质的情况主要可以分为两种：轻微杂质和严重杂质。杂质的形成与黑瓷窑场的烧造态度、釉料的选择等都有着密切的关联。这些我们在鉴定时应注意分辨。

图2-12　有杂质的黑瓷碗　明代

▲图2-13　有杂质的黑瓷标本　唐代

鉴定要点：

1、 从程度上看。中国古代黑瓷杂质在严重程度上参差不齐，可以说匀净、轻微、严重的情况都有见（图2-13）。匀净的黑瓷器数量非常之少，多在一些名窑当中才能看到。轻微杂质的表现十分明确，但也有一些限定性的条件：第一是局部性；第二是星点状；第三是不明显。严重杂质主要是相对于轻微杂质而言，也有一些明显的特征：一是有向通体性发展的趋势；二是形状较大，较为明显，多数为颗粒状；三是杂质的分布比较广。这些特点我们在鉴定时应注意分辨。

2、 从时代上看。中国古代黑瓷杂质在时代特征上比较复杂，不同历史时期对于杂质的控制有所不同。东汉六朝时期在杂质的控制上比较好，主要以德清窑为代表，但是德清窑以外的窑场兼烧的黑瓷，对于黑瓷釉面杂质的控制比较差。隋唐五代时期黑瓷在釉面的控制上进一步发展，主要特征是比较泛化，各个窑场在黑瓷杂质的控制上都有所进步，这主要与隋唐五代时期瓷器在质量上整体有所提高有关。宋元时期这一特征更是较为明显，很多瓷器之上几乎都很少见到杂质的存在，特别是严重杂质的出现，明清时期在杂质上基本延续了传统。我们在鉴定时应注意分辨。

3、 从窑口上看。中国古代黑瓷杂质在窑口特征上比较明确，主要表现为著名窑场所烧造的黑釉瓷器在杂质上控制比较好，而搭烧的窑场在杂质的控制上显然略逊（图2-14）。再者著名窑口烧造的黑瓷在窑口特征上也有所不同，如德清窑和定窑瓷器中黑定在杂质处理上表现比较好。然而大多数的普通和较粗糙瓷器在釉面杂质的控制上比较差，轻微和严重杂质的情况频发。鉴定时应注意分辨。

▲图2-14　杂质明显的黑瓷瓶　宋代

4、 从精致程度上看。黑瓷杂质与其精致程度的关系十分密切，通常情况下精致的瓷器很少见到有杂质的情况，多数是釉面匀净。如宋代定窑瓷器中黑定基本上都是釉面匀净者，而普通和粗糙瓷器当中则非常容易见到杂质，只不过是在杂质的轻微和严重程度上有所区别而已，这一点我们在鉴定时应注意分辨。

背景信息：瓷器的化妆土犹如妇女化妆一样，先在面部打上粉底，其目的是为了胎釉结合得良好。如果没有化妆土的瓷器可能在胎釉结合上有问题，有可能会出现剥落的现象，所以化妆土在黑瓷之上基本都有见，但除了早期的一些瓷器之外。从西晋开始实际上化妆土的使用已经是非常普遍，由此可见，多数黑釉瓷器都是施加化妆土的。这一点在鉴定时我们应注意分辨。

鉴定要点：

1、从精细程度上看。中国古代黑瓷化妆土在精细程度上特征明确，精细、较为精细、粗略的化妆土都有见，多数为白色，手感平滑、均匀、细腻（图 2-15），非常的漂亮和具有质感。

▲图 2-15 洁白细腻的化妆土黑瓷双系罐 唐代

2、从时代上看。中国古代黑瓷化妆土在时代特征上比较明确，东汉六朝时期有很多黑瓷之上没有施加化妆土，特别是早期的黑瓷，化妆土施加不是很明确，胎釉剥离的现象也比较严重；隋唐五代时期，黑瓷之上基本都施加化妆土，胎釉剥离的现象基本被杜绝，从此黑瓷之上施加化妆土的传统一直延续至明清。鉴定时应注意分辨。

3、从窑口上看。黑瓷化妆土在窑口特征上比较明显，著名德清窑黑瓷、建窑黑定、吉州窑黑瓷在化妆土的施加上都非常认真，胎釉剥离现象基本被杜绝。而一些兼烧黑瓷的民间窑场（图2-16），如磁州窑兼烧的黑瓷数量比较多，但这些窑口在黑瓷化妆土的施加上通常不是那样的理想，主要以较为精细和较粗的化妆土为显著特征，但由于烧造温度比较高，瓷化程度比较好，胎釉剥离的现象基本不见。鉴定时应注意分辨。

▲ 图2-16　露胎处未施化妆土的黑瓷碗　宋代

4、从精致程度上看。中国古代黑瓷在化妆土上与其精致程度有着密切的关联，精致瓷器的化妆土一般十分精细，而粗糙瓷器的化妆土通常较为精细，较粗的化妆土的情况与精细者相比显然逊于后者，而粗糙瓷器上的化妆土多数为普通或粗质的化妆土料，在淘洗上也不是那么的精炼。这一点我们在鉴定时应注意分辨。

稠密

背景信息：中国古代黑瓷在釉质稀稠上特征十分明确，以稠密为显著特征，稀薄的瓷器很少见。实际上釉质稠密也是一场视觉的盛宴，并没有标准来判断什么情况下是稠密，什么情况下是稀薄，而完全是以视觉的观感为主要依据。鉴定时应注意分辨。

鉴定要点：

1、从较厚釉上看。较厚釉的黑釉瓷器从胎体横截面上看很少见到有稀薄的情况，多数呈晶状体，但其通透性基本没有。从较薄釉上看黑釉瓷器在釉色上完全可以掩盖胎体，基本上失透（图 2-17），稠密的程度还是比较好；从少量的薄釉瓷器上看，薄釉在釉质稠密的程度上也是比较好，即使再薄的釉基本没有通过黑釉能够看到胎体者。

▲图 2-17　釉质失透的稠密黑瓷罐　宋代

2、 从时代上看。中国古代黑釉瓷器釉质稠密的现象在时代特征上十分明晰，各个时代都有见。东汉六朝时期釉质非常稠密，几乎不见稀薄的情况，隋唐五代、宋元、明清时期基本延续这一特征。鉴定时应注意分辨。

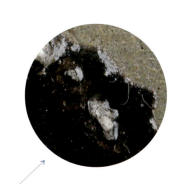

▲图2-18　釉质稠密的黑瓷盏　宋代

3、 从窑口上看。中国古代黑瓷釉质稠密的现象在窑口上特征十分明显，几乎所有的窑口生产的黑瓷都是釉质稠密，这一点无论从德清窑、定窑黑定，还是普通的民间窑场所烧制的黑瓷都是一样的（图2-18）。鉴定时应注意分辨。

4、 从精致程度上看。釉质稠密与精致程度并没有过于紧密的关联，其主要原因在于基本上所有的瓷器都是釉质稠密，从而也就失去了规律性特征。如果说有规律，就是精致、普通、粗糙的瓷器基本上都有见釉质稠密的情况。鉴定时应注意分辨。

手感

背景信息： 中国古代黑瓷在手感上特征比较明确，给人的感觉是光滑、细腻、润泽（图2-19），但谈不上"如脂如玉"的感觉，不过非常粗涩的感觉也很少见，这就是黑瓷在手感上给人们中庸的触感，由此可见，黑瓷的确是一种实用器，它并没有在釉质上留下一些像名窑瓷器那样的悬念，过于"如脂如玉""冰清玉洁"的感觉。

▲ 图2-19 手感细腻的黑瓷罐 宋代

鉴定要点：

1、 从温润上看，中国古代黑釉瓷器手感温润者有见，但并不是很多，多限定在名窑名瓷当中，如建窑最为精致的兔毫盏、油滴天目等瓷器手感都非常好，而绝大多数的普通民间用瓷在温润程度上都存在这样和那样的问题（图2-20）。鉴定时我们应注意分辨。

▲ 图2-20 手感略有涩感的黑瓷罐 宋代

2、从时代上看。中国古代黑釉釉质手感时代特征并不是很鲜明，因为它主要以精致程度为显著特征，所以各个时代都有手感温润的瓷器，也有在手感上粗涩的瓷器。这一点我们在鉴定时应注意分辨。

3、从窑口上看。中国古代黑瓷釉质手感在窑口上特征十分明显，以著名窑场为显著特征。如著名的定窑中的黑定瓷器，手感就相当的温润，几无缺憾。主要以名窑瓷器中的精致为显著特征。而名窑瓷器中的普通器皿同样在手感上也并不是很好。鉴定时应注意分辨。

▲图 2-21　细腻黑瓷瓶　宋代

4、从精致程度上看。中国古代黑瓷手感与精致程度的关系十分紧密，几乎所有精致的黑瓷在手感上都是妙不可言（图 2-21），细腻、光滑、温润的感觉油然而生。而同样手感温润的瓷器绝大多数也都是精致的瓷器，普通和粗糙瓷器的可能性很小。鉴定时应注意分辨。

第二节 ○ 施釉特征

通体施釉

背景信息： 黑釉瓷器通体施釉的情况比较少见（图 2-22），只是偶尔有见通体施釉者，因此通体施釉的黑瓷从数量上不占优势。鉴定时应注意分辨。

▲图 2-22　通体施釉的黑瓷标本　明代

鉴定要点：

1、从造型上看。通体施釉的黑瓷在造型上多数以碗、盘、盒、壶、罐、瓶、枕等为多见，但一般情况下碗、盘、盒等实用器皿施全釉的情况很少见。施全釉的黑瓷多为以盏、瓶、枕等一些以斗茶的茶具为主的器皿，是以陈设、装饰性功能为主的瓷器为显著特征。

3、从窑口上看，通体施釉的黑瓷在窑口上特征十分明显，主要以名窑瓷器为显著特征，如六朝时期的德清窑、宋代黑定、建窑兔毫釉等黑釉瓷器为显著特征。鉴定时应注意分辨。

2、从时代上看。通体施釉的黑瓷在时代特征上比较明确。一是在东汉六朝时期德清窑瓷器当中有极个别是通体施釉者；再者就是在宋代黑定瓷器当中有见通体施釉者，包括建窑黑瓷中也有一些是通体施釉，这主要是与精致程度有着密切关联。元明清时期通体施釉的黑瓷基本上很少见。

4、从精致程度上看。通体施的黑釉瓷器与精致程度关系密切。通体施釉者多数是精致瓷器，普通瓷器当中很少见到通体施釉的情况，粗糙瓷器当中几乎不见通体施釉者。鉴定时我们应注意分辨。

局部施釉

背景信息： 局部施釉的黑瓷最为常见（图 2-23）。在墓葬和遗址中到处都可以发现局部施釉的黑瓷，由此可见，局部施釉的黑瓷应该是黑瓷施釉的主流方式。

鉴定要点：

1、 从施釉部位上看。局部施釉的黑瓷在施釉部位上存在多种情况，比如说施釉不及底、除底足外、施釉近底部等。在这些施釉种类之下还包含着各种各样的情况，如底足不施釉实际上就有很多种形式，施釉部位上的中国古代黑釉瓷器十分复杂。这一点我们在鉴定时要注意分辨。

▲图 2-23　局部施釉的黑瓷碗　明代

▲图 2-24　局部施釉的黑瓷灯　明代

2、 从时代上看。局部施釉的黑釉瓷器在时代特征上十分明确。局部施釉可以说从东汉六朝时期直至明清都有见，贯穿于整个黑瓷史（图 2-24）。在局部施釉的频率上，各个历史时期基本上都相当，出现的频率相当大。这一点我们在鉴定时应注意分辨。

3、 从窑口上看。黑釉瓷器局部施釉的情况在窑口特征上比较明显。主要以兼烧黑瓷的窑口为显著特征，像德清窑、宋代定窑瓷器中黑定、建窑黑瓷，在局部施釉的数量上显然不如非名窑黑瓷丰富，特别是在一些乡村级的小窑场生产的黑瓷当中，局部施釉的黑瓷还占据着相当主流的地位。

4、 从精致程度上看。中国古代黑瓷与其精致程度有着密切的关联。精致瓷器当中有局部施釉者，但也有局部未施釉的情况。普通瓷器当中以局部施釉为显著特征，粗糙瓷器基本上为局部施釉，通体施釉的情况很少见，由此可见，呈现出一个正比的关系。

第三章 钧瓷

第一节 ● 釉质特征

开片

窑内温度与釉质的不协调，直接导致钧瓷釉面无规律开片的出现，以视觉为判断标准（图3-1）。开片的判断主要以视觉为标准，视线观测不到的则视为无开片，开片实际上是一场视觉盛宴。钧瓷开片在时代上特征明确，贯穿于钧瓷发展始终，宋代最轻微，金元时期的开片逐渐有严重之势，看来钧瓷并不避讳釉面上的开片。钧瓷开片微观上看无规则，但宏观上看有一定的规律性可循，仅从形状上看就可以分为，长条状、浅开片、大开片、小开片、稀疏开片、细

▲图3-1 有开片的钧瓷标本 宋代

碎开片、细小开片、蟹爪开片等，看来开片还是可控的。不同地域之间的钧瓷宏观上具有一定程度固定化的趋势，但从微观上看地域之间的差别不大。钧瓷开片与精致程度的关系并不密切，精致、普通、粗糙者都有见，没有过于规律性的特征，只是在严重程度上略有区别。精致瓷器多数为轻微开片，而普通和粗糙瓷器之上的开片在程度上相比较要严重些（图3-2）。鉴定时应注意分辨。

▲图3-2 有开片的钧红瓷器 宋代

钧瓷釉质在厚薄特征上固定化的趋势比较明晰，主要以厚釉和较厚釉为主。实际上钧瓷真正的厚釉并不常见，从数量上看多以较厚釉为主，不过厚釉与较厚釉并没有严格尺寸意义上的标准，基本上为视觉的盛宴。钧釉厚薄在时代上差异较大，宋代多以较厚釉为主，真正的厚釉有见，但数量很少；金代以较厚釉为主流，厚釉的数量有所增加（图3-3）；元代虽然还是以较薄釉为主流，但是厚釉的数量变得非常丰富。从表现形式上看，钧瓷标榜厚釉，以厚釉为美，但钧瓷并不是通体釉质肥厚，如钧瓷碗的厚度多在内心，内心中部可以说最为肥厚，之后向薄扩散，肥厚的程度可以

▲图3-3　较厚釉钧瓷标本　宋代

是其他地方数倍以上，目的只有一个，显然是为了突显钧瓷厚釉之美，形成通体肥厚的错觉。厚质厚薄与精致程度并没有过于深刻的联系，精致、普通、粗糙的钧瓷都有见。鉴定时我们要注意分辨。

▲图 3-4　釉层不均的钧瓷标本　宋代

　　钧瓷釉质均匀者有见，为主流，釉质不均者也有见，但并不是主流（图 3-4）。通体施釉均匀者不多见，主要局部施釉均匀为主要特征；釉层不均的情况，多是钧瓷上部较厚，近足部达到最厚，唇沿部最薄，是一个由上而下渐进的过程。钧瓷釉质之所以出现这种状况，显然与其石灰碱釉的黏度大，流动性比较差有关，釉质随时可能会出现郁积，最终在近底足处形成不均的现象。

　　钧瓷均匀程度在各个时代表现基本相似，如果相比较而言，宋代釉层均匀者丰富，金元时期釉层不均者略有上升。钧瓷釉层均匀与否与精致程度没有必然的联系，如在宋代有见一些特别精致的钧瓷在均匀程度上是不太好，但也许这正是钧瓷构筑意境所需要的，总之精致、普通、粗糙者都有见。鉴定时应注意分辨。

流釉

钧瓷流釉者常见，从数量上看，可以说绝大多数钧瓷都有流釉现象，这与钧瓷自身石灰碱釉黏度大、流动慢、容易形成釉层堆积的特性有关，可见钧瓷并不避讳流釉（图3-5）。从视觉上看，钧瓷流釉可以分为轻微和严重两种情况，主要以严重流釉为最常见，其目的显然是为了在视觉上造成一种钧瓷釉厚的感觉，这一点与钧瓷常以厚釉为标榜的特性是相一致的。从部位上看，钧瓷流釉多集中在腹下部至底足处，这一点很明确。在时代上钧瓷流釉特征较为明显，宋代流釉严重程度明显不如金元时期，特别是元代流釉相当严重。其精致程度与流釉没有直接的关系，普通、精致、粗糙的瓷器都有见。鉴定时应注意分辨。

▲ 图3-5　有流釉的钧瓷执壶　宋代

杂质

钩瓷釉质内有杂质的情况时常有见(图3-6)。通常有严重和轻微之分，严重杂质是视线可以清晰地观测到，杂质分布以均匀为主，集中的情况有见，但数量很少见；杂质颗粒比较大，或者是色彩与釉色的区别比较大。轻微杂质表现不明显，以星点状为显著特征。从时代上看，钩瓷杂质特征呈现出反比的趋势，宋代杂质最轻微，金代杂质略表现出严重，元代严重杂质的比例进一

▲图3-6 有杂质钩瓷碗 宋代

▲图3-7 有杂质钩瓷碗 元代

步增加。釉面有杂质的钩瓷与精致程度有一定的关联，精致、普通、粗糙的杂质都有见，但精致瓷器表现最不明显，视线多无法观测到；普通钩瓷釉面杂质十分常见，但以轻微杂质为主；严重杂质则多出现在粗糙瓷器之上，而且出现的频率较为频繁(图3-7)。鉴定时应注意分辨。

化妆土

　　化妆土犹如妇女化妆时在面部打的粉底一样，薄薄的一层，用于沟通胎釉之间的结合，有效防止胎釉剥离等现象的发生。钧瓷的化妆土十分精细，厚薄均匀、细腻，看来化妆土技术在钧瓷上的应用已十分成熟，未施化妆土的情况基本不见。钧瓷在化妆土时代特征鲜明，宋代化妆土技术在态度上非常认真，金元时期在态度上有所下降，但表现从现在来看依然不错。钧瓷化妆土与精致程度的关系比较复杂，在理论上精致钧瓷所对应的应为精细化妆土，之后才是普通和粗糙的钧瓷（图3-8），但实际情况是钧瓷化妆土在精细程度上基本上相似，这种差别并不大，几乎可以忽略不计。鉴定时应注意分辨。

▲图3-8　有化妆土的瓷器釉标本　宋代

稠密

钧瓷釉质以稠密为显著特征，稀薄者的情况几乎不见，通常情况下钧瓷稠密还伴随着厚釉，基本上失透，看来钧瓷显然是以失透为美。在时代特征上基本上保持了均衡性的特征，宋、金、元等各个历史时期都是这样，其他历史时期也是这样，可以说是贯穿于钧瓷史始终。从窑口上看，无论是著名窑场，还是钧瓷系中的乡村级窑场在这一点上都是一致的，传承有序（图3-9）。其与精致程度的关系并不密切，无论是精致、普通，还是粗糙的瓷器在釉质稠密上基本都是一致的。鉴定时应注意分辨。

▲图 3-9　釉质稠密的钧红釉瓷器标本　宋代

棕眼

钧瓷有棕眼者常见，就是在釉面上产生如同针孔般的空隙，多以圆形为主，并没有人工的痕迹。实际上对于每个棕眼都是有区别的，只不过这种区别比较微小，在鉴定时我们要善于观察这些棕眼之间的微小差别（图3-10）。棕眼可以说是钧瓷釉质当中最显著的特点，绝大多数的钧瓷在釉面之上都有棕眼的存在，只不过是数量稀疏和稠密的区别而已。之所以产生棕眼的原因很简单，就是因为钧瓷石灰碱釉黏度大、流动性差，在高温下容易形成这些棕眼。但从钧瓷的烧造态度上看，钧瓷似乎并不在意棕眼的存在。

▲图 3-10　有棕眼钧瓷标本　宋代　林业

▲图 3-11　有棕眼钧红釉瓷器标本　宋代

有些棕眼我们外表察觉不到，而从横截面上可以清晰地看到棕眼的一切，通常情况下棕眼在釉内要比釉面看到的要大好几倍，这有助于我们对于棕眼的全面理解。钧瓷棕眼在时代上特征比较明显，贯穿于钧瓷的始终，各个历史时期都表现出了较为均衡化的特征。棕眼与精致程度有一定的关联，但这种关联似乎并不明确，因为即使在被认为烧造最好的宫廷用瓷上也有见棕眼的存在，普通、粗糙的瓷器之上基本都有棕眼的存在（图3-11）。鉴定时应注意分辨。

手感

钧瓷给人的感觉差异性比较大，主要以精致程度来区分。精致的钧瓷上手的感觉细腻、润泽，过于精致者有"如脂如玉"之感，使人的心情舒畅，神清气爽。普通钧瓷在润泽感上不是很明显，触摸它感觉只是一种光滑感；粗糙瓷器在手感上的润泽感也比较强，但有时会触及一些釉面上的杂质、起泡等，会有涩感，而这种不适感显然不利于把玩时从感觉上进入一种"无我"的境界。从重量上看，钧瓷在重量上多数是手感略重，厚重感是其所标榜的，但实际上钧瓷的厚重只是相对于器物浑厚造型而生，并不是真正意义上的厚重，所以我们说钧瓷的厚重在手感上只能说是略重而已。从精致程度看，钧瓷厚重与精致程度关系密切，真正精致的钧瓷必是看起来浑厚（图3-12），但由于选料讲究、淘洗精炼、瓷化程度较高等因素，其手感重量则是比较轻；而普通钧瓷给人的手感则没有这种感觉，而是略重；粗糙钧瓷在手感上与胎体的厚度有时基本接近。从时代上看，各个历史时期基本相似，但相比较而言，宋钧给人的感觉重量最轻，金元时期越来越重，鉴定时应注意分辨。

▲图3-12　手感细腻的钧红釉瓷器标本　宋代

1、通体施釉。 钧瓷施釉部位主要存在两种状态：一是通体施釉，二是局部施釉。通体施釉者有见（图3-13），墓葬和遗址之中都有见，但数量很少见，多为一两件，由此可见，虽然有一定的量，但总量很小。通体施釉主要有三个主要特点，一是时代特征，二是官窑性质，三是精致程度。从时代特征上看，钧瓷通体施釉多以宋代为多，金元时期很少见。从官窑性质上看，大量集聚的通体施釉的钧瓷是宫廷用瓷，这是因为宫廷内有很多红木、紫檀等家具，如果不施全釉，可能底足会划伤这些名贵木料，这应该是主要原因，当然还有其他一些原因，一些学者也提出过，但这不是我们此书所讨论的范畴，就不再过多赘述，鉴定时知道就可以了。从精致程度上看，多数通体施釉的钧瓷也是精致瓷器，这一点是没有问题的，但精致瓷器并非都是通体施釉者，这一辩证关系我们在鉴定时要能搞清楚。而普通和粗糙的钧瓷在通体施釉上则表现出较强的偶见性。鉴定时应注意分辨。

▲ 图3-13　通体施釉的钧瓷标本　宋代

▲ 图3-14　普通局部施釉的钧瓷碗　元代

45

2、局部施釉。 局部施釉是钧瓷施釉的主流，从数量上看这一点表现得特别明显，可以说绝大多数钧瓷在施釉上都是局部的，通体施釉的情况如果与总量相比，可以说是沧海一粟，基本上可以忽略不计。从局部施釉部位上看，钧瓷与传统青、白瓷等有较大区别，施半釉的情况基本不见，最多只能说是偶见。多数为施釉近足部的情况，特别是底足部未施釉的情况最常见。从精致程度上看，精致、普通、粗糙的瓷器都有见（图3-14）精致瓷器数量最少，依次递减，粗糙瓷器的数量最多见。鉴定时应注意分辨。

第四章 白釉画花瓷

第一节 ○ 釉质特征

开片

背景信息： 开片是瓷器釉面在烧造过程当中出现的裂纹（图4-1），无规律地排列着，为窑内缺陷的一种，视觉概念，并不影响实用。白釉画花瓷器开片常见，贯穿于白釉画花瓷器发展始终，遗址和墓葬都有出土，总量巨大，为白釉画花瓷器上最重要的釉质特征之一。

▲ 图4-1 白釉画花开片釉瓷器 明代

鉴定要点：

1、 从形状上看。白釉画花瓷器开片形状微观看来无序，无相同者，但宏观上有大体形状之分，如大开片、小开片、稀疏开片、细碎开片、细小开片等，而且这些形状大体可控。不过通过文物观测来看，白釉画花瓷器对于开片并没有刻意控制，反而是随意性较强，并不避讳各种开片的存在。

2、 从时代上看。白釉画花瓷器开片在时代上特征并不鲜明，宋元明清等各个时代都比较常见，在开片的程度上也基本相似（图4-2）。

3、从窑口上看。白釉画花瓷器在窑口特征上不是很明确，无论是名窑还是普通窑场在开片上都比较随意，这与白釉画花本身就是极普通的民间用瓷的地位有关。鉴定时应注意分辨。

4、从精致程度上看。白釉画花瓷器开片特征与精致程度有一定的关联，但这种关联十分的微弱，特别精致的瓷器上有见有意识地控制开片，基本不见开片的出现，不过这种瓷器的数量很少，几乎可以忽略不计。而普通瓷器开片就比较常见了，随意性很强（图 4-3），可能略比粗糙瓷器好一些。从时代上看宋元明清等各个时代基本也都是这样。

▲图 4-2　白釉画花开片釉瓷器　明代

图 4-3　白釉画花开片釉瓷器　宋代

背景信息：白釉画花瓷器釉质厚薄概念十分清晰，厚薄者兼有，但以薄釉为主，厚釉的情况很少见。遗址和墓葬出土的白釉画花瓷器，在厚薄特征上基本相似。

鉴定要点：

1、 从厚薄程度上看。白釉画花瓷器厚薄程度并不复杂，以较薄釉和薄釉为显著特征，在绝对数量上以薄釉为显著特征。

2、 从时代上看。白釉画花瓷器釉质厚薄时代特征比较模糊，宋金和元明差别都不大，都是以薄釉为显著特征（图4-4）。这与白釉画花瓷器深度民窑的性质密切相关，极讲究成本，如此薄的釉质可以将成本降到最低。鉴定时注意分辨。

▲图4-4　薄釉白釉画花瓷器标本　宋代

▲图 4-5　精致薄釉白釉画花瓷器　宋代

3、从窑口上看。白釉画花瓷器从窑口上看差别性不大。无论是磁州窑，还是磁州窑系之间各窑场，从河南汤阴窑、郏县窑、禹县扒村窑、山西霍县窑、介休窑、陕西铜川窑等不同窑场发掘出土的器物来看，在薄釉这一特征上基本相似。

4、从精致程度上看。白釉画花瓷器在精致程度上与薄釉的关系并不密切，而且有呈反比的倾向。发现偶见的一些特别精致的白釉画花瓷器在釉层上有一些厚度，主要通过加深黑彩的浓度来显现画花的清晰度，普通瓷器较薄，粗糙瓷器在釉质上更薄，很明显感到只是罩上一层透明釉而已（图 4-5）。

均匀

背景信息： 均匀指的是白釉画花瓷器釉层均匀的程度，釉质均匀、釉质不均匀，两种状态概括白釉画花瓷器釉层均匀程度上的特征。从大量墓葬和窑址、城址出土的白釉画花瓷器来看，釉质均匀显然是其主流特征。

▲图4-6　釉层不均略粗的白釉画花瓷器标本　宋代

鉴定要点：

1、 从釉质均匀上看。釉层均匀的白釉画花瓷器虽然出土规模大，但规模大的程度只是主流而已，从众多的实物观测来看，并不像想象中的规模那样大。而且有多数情况下的白釉画花瓷器在釉层上只是局部均匀，不过这种局部均匀的现象不是很严重，有的时候视觉可能观察不到，但用手触摸会有一些凹凸感，而且这种感觉非常容易出现，显然是釉质不均所致。由此可见，白釉画花瓷器的釉质均匀显然只是视觉意义上的，而不是程度深刻的釉质均匀。这一点我们在鉴定时要注意体会。

2、 从釉质不均上看，釉质不均的白釉画花瓷器经常有见，虽说不占主流，但在数量上也是比较多。一般情况下不均的情况表现得很明显，我们的视觉可以直接观察到，可以看到并不是很严重的釉层的起伏变化，虽然这种起伏比较微弱，显然并不是一种严重的缺陷，可能从白釉画花瓷器的本意来看并不在意和避讳这样的微小缺陷存在（图4-6）。当然白釉画花瓷器釉质不均的现象通体性少见，而大多是一些局部现象，如白釉画花盆内侧的釉层往往均匀程度高，而外壁的釉层往往不如内壁均匀程度高，由此可见，白釉画花瓷器釉层的均匀程度完全是可控的，其釉层均匀与不均完全来自工匠认为的必要性。

3、从时代上看。白釉画花瓷器釉质均匀程度在时代上特征模糊。这一点很好理解，因为其具有偶发性，所以无论宋元或者明清时期都有见，但是从实际的情况来看，特别是从数量观察时代特征时是明确的，宋代釉层不均的情况有见，但显然不及元代多，明清时期在釉层的均匀程度上略有好转。

4、从窑口上看。白釉画花瓷器在窑口上特征比较复杂，同样一个窑口，如磁州窑在不同的时代釉质均匀程度表现大为不同，如宋代显然要比元代好（图4-7）。窑系瓷器则差一些，如河南汤阴窑、鹤壁窑、山西霍县窑、介休窑、浑源窑等在釉层均匀程度上明显差一些。但这些窑口显然又比乡村土窑要好一些。鉴定时应注意分辨。

▲ 图4-7　磁州窑釉质均匀的白釉画花瓷器标本　宋代

5、从精致程度上看。白釉画花瓷器釉质均匀的程度与精致程度有明显的关联，对比诸多器皿发现，釉层均匀的白釉画花瓷器在精致程度上往往较优，而釉层不均的白釉画花瓷器在精致程度上往往比较差。我们在鉴定时应该注意分辨。

流釉

背景信息： 在烧成的白釉画花瓷器上留有釉质流动的痕迹称为流釉。这是一种窑内缺陷，比较常见，但总量不占主流(图4-8)。

鉴定要点：

1、 从程度上看。白釉画花瓷器在流釉程度上常见轻微流釉和严重流釉的情况，而判断的标准取决于我们的视线，轻微流釉需要仔细观察才能看到。而严重流釉则很明显，我们可以在白釉画花瓷器上看到比较大的流釉或者是聚釉痕迹（图4-9）。可见白釉画花瓷器在流釉的程度上具有鲜明的特征。

▲ 图4-8　流釉痕明显白釉画花瓷器　金代

▲ 图4-9　严重流釉白釉画花瓷器标本　金代

2、 从部位上看。白釉画花瓷器流釉部位似乎没有过于规律性的特征，这显然是由于其釉质过于稀薄，所以一般情况下釉层在自上而下流动的过程当中很难形成过于明显的流釉痕，通常都是在最下面的接近足底部分发现有略微的流釉痕迹，而且这种流釉痕多数比较微弱。另外一种情况是在口沿、肩部、腹部等任何一个部位都可能形成的流釉，而且这种流釉痕迹比较大，这显然是由于白釉画花瓷器深度民窑的性质，如胎体粗略，一些胎体的茬部未打磨干净，凸起阻挡釉质的前行所造成，这是由釉质流动性的特性所决定。由此可见，白釉画花瓷器在釉质部位上的特征规律性与无规则性并存。这一特征我们在鉴定时要注意分辨。

3、从时代上看。白釉画花瓷器在流釉上的时代特征比较简单，由于具有偶发性的特征，在各个时代都有见。

4、从窑口上看。白釉画花瓷器在流釉上的窑口特征比较复杂，鼎盛时代的名窑烧造流釉现象可能不是那么严重，如宋代的磁州窑白釉画花瓷器（图4-10）；但是元代流釉的情况可能就严重一些，再者是磁州窑系的产品在流釉上显然严重一些。鉴定时注意分辨。

5、从精致程度上看。流釉与精致程度关系密切，通常情况下精致、普通、粗糙的白釉画花瓷器所对应的是流釉的程度，这一点在白釉画花瓷器之上也存在。只是由于白釉画花瓷器作为一个民间窑场，它的精致瓷器很少，主要以普通瓷器为主，粗糙瓷器也很少等特点的限制，所以给人们的这种呈正比的关系是微弱的。鉴定时要注意分辨。

▲图4-10　磁州窑轻微流釉白釉画花瓷碗　宋代

杂质

背景信息： 白釉画花瓷器釉面上有杂质的情况常见，杂质是一种缺陷，从理论上看没有杂质的白釉画花瓷器釉质是不存在的（图4-11）。当然杂质的程度与白釉画花瓷器的烧造态度、技术、材料等有着密切的关系。总体来看白釉画花瓷器釉面杂质还是比较严重，特征也较为复杂。

▲图 4-11　釉面有杂质的白釉画花瓷器　明代

鉴定要点：

1、 从程度上看。白釉画花瓷器杂质根据其严重程度的不同，可以分为匀净、轻微、严重三个级别。匀净的白釉画花瓷器看不到任何杂质，如磁州窑精致白釉画花瓷器表现一般，但这种瓷器数量极少，几乎可以忽略不计。轻微杂质表现复杂，主要为三个方面：第一，局部性；第二，星点状；第三，不明显。这样的杂质比较多，显然为白釉画花瓷器杂质特征的主流。严重杂质人们很容易看出来，具有杂质颗粒较大、面积较大等特点，严重杂质比较常见。

2、 从时代上看。白釉画花瓷器的杂质时代特征不明显，宋代在白釉画花瓷器杂质上控制得比其他时代要好（图4-12），优于元明清等时代的白釉画花瓷器。但这只是宏观的、一般性的特征，我们在具体鉴定时要注意辩证地运用这些鉴定依据。

3、从窑口上看。白釉画花瓷器杂质在窑口特征上比较鲜明，无疑宋代磁州窑白釉画花瓷器在杂质处理上达到了一定高度，但由于民窑性质的限制，讲究成本，注定了各大窑口白釉画花瓷器在釉面杂质特征上不太可能特别好，多数伴随着轻微和严重杂质的情况出现。而其他窑口仿烧的产品在杂质的处理上可能更差。鉴定时应注意分辨。

4、从精致程度上看。白釉画花瓷器在杂质上的精致程度并不复杂，匀净、轻微严重对应的是白釉画花瓷器的精致、普通、粗糙，但这种对比实践只是理论上的。从发掘器物看由于白釉画花精致和粗糙的瓷器数量都比较少，鉴定时要注意分辨。

▲图4-12　略微控制杂质的白釉画花瓷器　宋代

化妆土

背景信息： 化妆土顾名思义如同妇女面部所打粉底，它可以有效防止胎釉剥离现象的发生。在白釉画花瓷器之上它又有了新的功能，就是还可以在化妆土上绘画，可以这样讲白釉画花瓷器就是化妆土的艺术（图 4-13）。

鉴定要点：

1、 从精细程度上看。白釉画花瓷器十分重视化妆土，在精致程度上以精细为主，多见一层白色薄薄均匀的化妆土，施于胎体表面，细腻、匀厚、柔软，看来十分精细，但都不是很厚，这应与白釉画花民窑性质节省成本有关，如磁州窑白釉画花瓷器质地细腻，淘洗精炼，在化妆土技术上达到巅峰状态。白釉画花瓷器在化妆土上进行绘画，之后上透明釉一次烧成，我们不仅可以看到精美的黑色彩绘，而且还可以看到精细的化妆土，白釉画花瓷器与其他瓷器不同，不但不怕暴露化妆土，而且以暴露精细的化妆土为荣耀，有以化妆土为饰的雏形。

▲图 4-13　精细化妆土白釉画花瓷枕　宋代

▲图 4-14　磁州窑精细化妆土白釉画花瓷器标本　明代

2、从时代上看。白釉画花瓷器是化妆土的时代，各个时代都比较重视化妆土，不过比较而言以宋代最为精细，其他时代略逊。鉴定时注意分辨。

3、从窑口上看。白釉画花瓷器化妆土在窑口上特征十分明显，以宋代磁州窑为最好（图 4-14）。窑系产品中宋代禹县扒村窑所产的白釉画花瓷器在质量上比较好，其他窑系产品，如山西大同、介休窑所产在质量上要略逊一些。

4、从精致程度上看。白釉画花瓷器化妆土在精致程度上特征较为复杂，精致白釉画花瓷器所对应的化妆土必然精细，但这种瓷器数量很少，几乎可以忽略不计。多数是普通白釉画花瓷器所对应的是精细或者是普通的化妆土。粗糙瓷器对应粗质化妆土的现象也比较少见。

稀薄

背景信息：白釉画花瓷器釉质稀薄者常见，墓葬和遗址内大量有见，出土数量众多，总量规模巨大，为白釉画花瓷器在釉质特征上的主流（图4-15）。鉴定时应特别注意这一点。

鉴定要点：

1、从通透性上看。釉质稀薄的白釉画花瓷器在釉质上的一个重要特点就是釉质的通透性非常好，视线几乎不受到什么阻碍就可以看到处于釉下的白釉画花图案，十分清晰，而不是若隐若现。之所以稀薄釉能够成为白釉画花瓷器的重要特征，原因很简单，一是成本控制，二是视线通畅可以看到纹饰。鉴定时要注意分辨。

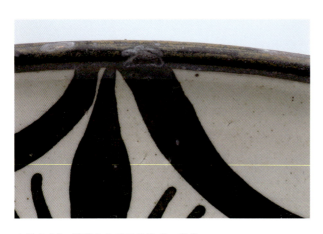
▲图4-15　稀薄釉白釉画花瓷碗　宋代

▲图4-16　釉质稀薄白釉画花瓷器标本　宋代

2、从时代上看。白釉画花瓷器稀薄釉有着鲜明的时代特征，宋、金、元、明、清等各个时代都是这样，在这一点上几乎没有改变过（图4-16）。

▲ 图 4-17　手感细腻的稀薄釉白釉画花瓷器标本　宋代

3、从窑口上看。白釉画花瓷器在窑口上特征比较清晰，无论是磁州窑还是磁州窑系在白釉画花瓷器的特征上都是釉质稀薄，这是由白釉画花本身固有的特征所决定的，如果釉质稠密，通透性不好，那么就不成白釉画花瓷器了，所以无论哪个时代烧造白釉画花瓷器的窑场在通透性这一特征上都是一致的。

4、从精致程度上看。白釉画花瓷器釉质稀薄现象与精致程度关系并非很密切，因为几乎所有的白釉画花瓷器釉质上的特征都为稀薄釉，所以也就不存在精致、普通、粗糙分级了。鉴定时应注意分辨。

5、从手感上看。白釉画花瓷器在釉质上手感特征较为复杂，有精致、普通、粗糙瓷器之分。从实物标本上看，如果是特别精致的白釉画花瓷器手感细腻、滋润、光滑，感觉很舒服（图4-17），不过这类器物很少见，数量几乎可以忽略不计，我们在鉴定时知道就可以了。而普通白釉画花瓷器则是有粗涩感，但当你用手去触摸它们时你会感到胎体的毛茬存在，凹凸不平，很不舒服，看来白釉画花瓷器并不十分注重手感，这应该也是其节约大量成本的原因之一。而粗糙瓷器这种感觉无疑会更强烈一些。鉴定时我们要注意分辨。

第二节 ○ 施釉特征

背景信息： 通体施釉的白釉画花瓷器在墓葬和窑址、城址中都有见，数量不是很多，在总量上并不占优势。

鉴定要点：

1、 从造型上看。通体施釉的白釉画花瓷器不同的造型施釉特征不同，如它常见的器物造型有碗、盘、瓶、罐、枕等（图4-18）。在这些造型中碗、盘等施全釉者有见，但数量很少。白釉画花的底部往往也是不施釉，所以瓷枕通体施釉的情况比较少见，相比较而言可能瓷瓶通体施釉的情况略多一些，但总量也不大。

3、 从窑口上看。白釉画花瓷器通体施釉的窑口特征不是很明显，磁州窑及窑系的各个窑场都有可能出现通体施釉的情况。

2、 从时代上看。通体施釉的白釉画花瓷器时代特征鲜明，由于具有偶见性，所以各个时代都有见，并没有哪一个时代特别多的现象。鉴定时我们要注意分辨。

中国古瓷
鉴定笔记
釉工艺篇

60

▲ 图4-18　通体施釉白釉画花瓷枕面　宋代

4、 从精致程度上看。通体白釉画花的瓷器在精致程度上略微有些关联，但关系并不大。一些很精致的瓷器可能是通体施釉，不过这类白釉画花瓷器数量很少；普通瓷器这一特征大为弱化，与精致程度几无关系，粗糙的白釉画花瓷器更是这样。鉴定时我们要注意分辨。

局部施釉

背景信息： 局部施釉的白釉画花瓷器最为常见，是白釉画花瓷器施釉方式的主流，以局部施釉为显著特征，墓葬和遗址之中都有见，总量比较大（图4-19）。鉴定时注意分辨。

鉴定要点：

1、 从部位上看。白釉画花瓷器局部施釉比较复杂，如施釉不及底足、半釉、仅至下腹、除底外、除底足外、施釉近足部等都有见。但这些施釉特征出现的频率差异性比较大，如施釉不及足底的情况比较多，如许多碗、盘、罐、瓶等都是这样；半釉的情况有见，但非常之少；除底外、除底足外、施釉近足部等比较常见。由此可见，白釉画花瓷器在局部施釉的位置上明显由半釉向下移动。但这只是从规律性特征上的宏观分析，实际情况要比这复杂的多，因为如不及底的白釉画花瓷器从理论上讲其施釉不及底的方式可以是无限的，事实也的确是如此，并没有对比性很强的标准器，可谓是错综复杂，异常繁缛（图4-20）。我们在鉴定时要注意分辨。

▲ 图4-19 局部施釉白釉画花瓷罐 明代

▲ 图4-20 局部施釉白釉画花瓷器 宋代

2、从时代上看，局部施釉白釉画花瓷器在时代特征上很鲜明，贯穿于整个白釉。画花瓷器史，各个时代都有见。鉴定时注意分辨。

3、从窑口上看。白釉画花瓷器局部施釉从窑口上看没有过于复杂的特征，各个时代的各大窑场都是大量烧造，如磁州窑及窑系的山西介休、霍县窑等都有烧造，为当时日用瓷的主流。鉴定时注意分辨。

4、从精致程度上看。白釉画花瓷器局部施釉与精致程度有一定的关联，精致白釉画花瓷器局部施釉者少见，以普通和粗糙瓷器为显著特征，从数量上看以普通白釉画花瓷器为最多。

下篇

绞胎、三彩 珍珠
地划花瓷 酱、褐、
青白釉瓷 黄釉瓷
紫、缸胎、兔毫、
油滴釉瓷

第一节 ◉ 釉质特征

开片

背景信息： 开片是瓷器釉面在烧造过程中出现的一种裂纹，没有规律可循，无规律地排列，开片的深浅程度也不同。开片实际上是一种窑内缺陷（图1-1），任何瓷器上都有可能出现开片，只不过有的开片比较小，我们的视觉感觉不到；有的开片比较严重，我们可以很轻易观察到。绞胎、三彩在釉质开片上控制得比较好，我们的视觉无法观察到的称之为釉面匀净。

▲图1-1　有开片的三彩釉标本　唐代

中国古瓷
鉴定笔记
釉工艺篇

64

鉴定要点：

1、 从形状上看：中国古代绞胎、三彩在开片的形状上看主要分为宏观和微观两种情况。从微观上看：它是无规律的，任何一种情况都可能有见。但是从宏观上看，我们认为将其划分为长条状的大开片、小开片、细小开片、细碎开片等。从宏观上看开片还是可以控制的，绞胎和三彩对于开片都有一些控制，但是以三彩的

▲图1-2　开片明显的绞胎瓷枕标本　唐代

成就最高。在一些盛唐时期的三彩器皿之上，如一些俑和瓶等器皿之上我们基本上看不到有开片的存在，但绞胎瓷器之上似乎控制得不是那么好（图1-2），特别是与精致的明器三彩相比更是这样。因为它基本上都有见开片的情况，而且开片多数比较细碎，由此可见，绞胎瓷器实际上并不在意开片的存在。鉴定时应注意分辨。

▲图1-3　有开片的三彩釉标本　唐代

2、 从时代上看。中国古代绞胎、三彩在开片特征上比较复杂，绞胎瓷器在各个历史时期表现基本一致，没有对开片进行有效的控制，各种各样的开片都有见。三彩釉在开片上进行了一些控制，特别是唐代比较精致的三彩明器，在开片上一般情况下都控制得比较好，有些很大型的器皿之上很难用视觉观察到，但三彩在安史之乱之后，特别是在实用器三彩出现之后，三彩之上开片的情况变得非常多，情况也比较复杂，各种各样的开片都出现了。这一点我们应注意分辨。

3、 从窑口上看。中国古代绞胎、三彩釉开片与窑口的关系比较复杂，绞胎瓷器没有表现出太大的关联，无论是巩县窑生产，还是其他窑场烧造的绞胎在开片上都没有进行有效的控制。而巩县窑生产的三彩，则是对开片进行了一些控制，而其他窑场生产的三彩则没有进行过于有效的控制。鉴定时应注意分辨。

4、 从精致程度上看。中国古代绞胎、三彩器皿在开片特征与精致程度的关系比较密切，绞胎釉瓷器由于基本上都有开片，但并不排斥开片的存在，所以说不存在精致程度上精致、普通、粗糙之分（图1-3）。三彩釉器皿与精致的开片釉之间的关系还是比较密切，精致三彩器皿多数开片控制得比较好，有开片的瓷器多数为普通和粗糙的三彩釉器皿。这一点我们在鉴定时应注意分辨。

厚薄

背景信息： 中国古代绞胎、三彩在厚薄特征上比较清晰，基本上可以分为较厚釉和较薄釉两个不同的釉层厚薄阶段；另外就是不同的时代和窑口的绞胎和三彩器皿之上釉质厚薄的程度有所区别。这两种釉层的厚薄程度，墓葬和遗址当中都有实物出土，而且都比较常见。鉴定时应注意分辨。

鉴定要点：

▲图1-4 较薄釉绞胎瓷器标本 唐代

1、 从程度上看。中国古代绞胎、三彩器皿在釉层的厚薄程度上比较复杂，主要分为较薄釉和较厚釉两种形态。这两种形态并不是很复杂，绞胎瓷器之上以较薄釉为显著特征（图1-4）；三彩基本上以较厚釉为显著特征，此时绞胎和三彩基本上都是一个对立的态势。鉴定时我们应能够理解。

2、 从时代上看。中国古代绞胎、三彩厚薄上与时代的关系比较复杂，就是绞胎瓷器基本上没有时代特征的概念。唐宋、辽金时期在厚薄程度上基本上都保持了一致性，特征就是较薄，而三彩在盛唐时期武则天到安史之乱这一阶段，在釉质上以较厚为显著特征；安史之乱之后随着实用三彩的出现，三彩在釉质特征上比较复杂，但总的情况是逐渐向薄釉的方向发展，这是一个显著的特征。

3、从窑口上看。绞胎、三彩在窑口上特征十分明确，主要以巩县窑为显著特征，就是巩县窑烧制的绞胎和三彩。绞胎是较薄釉，而三彩是较厚釉，其他窑口所仿烧的绞胎、三彩器皿在釉质厚薄上基本保持了这样一种传统（图1-5），宋元时期也是这样。鉴定时应注意分辨。

4、从精致程度上看。中国古代绞胎、三彩器皿在精致程度上与釉层厚薄的关系比较复杂，绞胎瓷器与精致瓷器的关系并不复杂，多数绞胎瓷器在釉层上主要以均匀为显著特征；三彩釉与精致程度的关系比较复杂一些，就是盛唐精致的明器三彩主要以较厚釉为显著特征，实用器皿三彩釉层逐渐向薄的方向发展，所对应的主要是普通和粗糙的三彩器皿，鉴定时应注意分辨。

均匀

背景信息：均匀指的是绞胎、三彩在釉层上的均匀程度。从均匀程度上看，通常分为釉层均匀和不均两种状态，这两种状态在绞胎及三彩釉上都有表现。墓葬和遗址出土的绞胎、三彩釉多数是由釉层均匀和釉层不均这两种形态组成。

▲图 1-6　釉层均匀的绞胎瓷枕标本　唐代

鉴定要点：

1、从釉质均匀上看。绞胎、三彩釉层均匀的情况也比较常见（图 1-6），通体均匀的情况以绞胎瓷器为最常见。多数绞胎瓷器通体均匀、匀厚，而三彩在均匀程度则多以局部均匀为显著特征，如枕面均匀，但是枕的四壁不一定是均匀的，其他例子不再赘举。鉴定时应注意分辨。

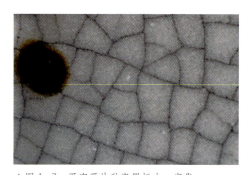

▲图 1-7　哥窑开片釉瓷器标本　宋代

2、从釉质不均上看。釉质不均的情况在绞胎、三彩釉器皿上经常可见，主要是以局部不均为显著特征，绞胎瓷器很少见到局部不均的情况，主要以三彩为显著特征。三彩器皿特别是盛唐明器三彩在釉层均匀程度上多表现出的是有规律性的不均或局部不均，当然这与三彩釉的釉质黏稠、流动速度慢、容易造成堆积等有关联，但多数情况下还是三彩器皿装饰工艺的一种方法，比较典型的如一些三彩俑。釉质厚薄不均的情况比较典型，整个用厚薄不均的釉质来体现三彩俑的服饰及生命的动感，将这种不均变成了一种缺陷美，由此可见，缺陷美最早显然不在哥窑。我们知道哥窑将开片变成了一种缺陷美（图 1-7），而唐三彩实际上也是将釉质不均这一窑内缺陷变成了一种缺陷美。鉴定时我们应注意分辨。

3、从时代上看。绞胎、三彩绞胎在釉层均匀程度上的时代特征比较复杂，绞胎釉瓷器在时代特征上非常均衡化，各个时期基本上都保持了一个釉层均匀的这一显著特征（图1-8）。三彩器皿表现得不是很好，只有在盛唐时期的三彩之上釉层不均的情况较为多见。安史之乱后三彩世俗化的过程当中，釉层逐渐向均匀化的方向，与普通的瓷器没有多大的区别。这一点我们在鉴定时应注意分辨。

4、从窑口上看。中国古代绞胎、三彩在窑口特征上不是很明显，釉层均匀和不均的情况都有见，绞胎基本上以通体均匀为显著特征，三彩主要是以局部均匀为显著特征，这一点从不同窑口来看都是这样，但以巩县窑烧造的绞胎、三彩釉器皿为最好。鉴定时应注意分辨。

5、从精致程度上看。绞胎、三彩绞釉层均匀程度与精致程度的关系并不密切，绞胎釉瓷器与精致瓷器的关系并不明确，多数瓷器都是通体均匀，而且也是通体施釉。三彩釉则是比较复杂，就是精致的三彩多为厚薄不均者，普通和粗糙的三彩在均匀程度上逐渐向好的方向发展（图1-9），呈现出的是反比的趋势。这点我们在鉴定时应该注意分辨。

▲图1-8　釉层均匀的三彩瓶标本　唐代

▲图1-9　三彩花卉纹枕　宋代

流釉

背景信息： 中国古代绞胎、三彩在流釉特征上比较明显，流釉是一种窑内缺陷，主要表现就是釉层由上而下的釉质流动的过程，被表现了出来，而且形成了较大的流釉痕迹，这样的情况我们就称之为流釉。实际上所有的瓷器基本上都有流釉的现象，但是流釉现象有轻微和严重之分，如果我们的视觉观察不到，就称为釉面匀净；如果我们的视觉能够观测到，但不是很明显，我们称之为轻微流釉。但是如果我们的视觉不仅能够观测到，而且能够观测到较大的流釉痕（图1-10），那么显然就是严重流釉。中国古代绞胎、三彩这三种情况基本上都有见，在流釉特征上表现得也是比较复杂，我们来看一看：

鉴定要点：

1、 从流釉程度上看。中国古代绞胎、三彩在流釉程度上表现得比较复杂，绞胎流釉的情况是比较少见，多以轻微流釉为显著特征；三彩之上的流釉现象更常见，三彩不排斥流釉，甚至有以流釉为显著特征的这样一种倾向，如有一些三彩碗和一些俑都是施釉不到底，碗多为施半釉，流釉的现象还是比较严重。由此可见，从流釉程度上看绞胎主要以轻微为显著特征，而三彩轻微和严重流釉的现象都有见，严重流釉者最常见。鉴定时我们应该注意分辨。

▲图1-10　有较大流釉三彩釉标本　唐代

2、 从流釉部位上看。绞胎及三彩釉的流釉部位具有相当规律性的特征，一般情况下釉面很少见流釉现象。如一个绞胎的瓷枕它的釉面上很少有流釉，但多是在枕面和枕壁的转折处，就是它的四壁会有一些流釉。三彩流釉的部位基本上就是这样，真正大面积的釉面流釉现象并不是很严重（图1-11），而多是一些釉质之上的流釉。自然而然该流釉的地方，就很容易形成积釉的现象，整个是一个非常自然的状态，没有进行有意识的控制。常见的部位主要是底足流釉，这一点与其他瓷器的流釉特征基本相似，就是在近底足处常有流釉的现象，还有就是半釉处有流釉，这是唐代唐三彩之上常见的一种流釉方式，通常情况下就是在施半釉处流釉，这主要与唐初惜釉的习俗有关。久而久之逐渐在唐代瓷器和陶器之上就形成了施半釉的习惯（图1-12），这一特点在其他历史时期很少见，主要以唐代为主。鉴定时应注意分辨。

▲图1-11　有流釉三彩武士俑　唐代

3、从时代上看。绞胎、三彩釉在流釉特征上时代性不是很强，绞胎和三彩存在的各个历史时期都有见流釉现象，其他并无过于规律性的特征。鉴定时我们应注意分辨。

▲图1-12　有流釉三彩执壶　唐代

4、从窑口上看，绞胎、三彩釉流釉现象在窑口上表现不是很明显。巩县窑生产的绞胎和三彩在流釉上比较常见，特别是三彩有时候还以流釉为美（图1-13），如一些施半釉的瓷器流釉现象都比较严重，但其他时代的窑口所生产的三彩和绞胎在流釉特征上表现比较强烈。这一点在鉴定时应注意分辨。

5、从精致程度上看。中国古代绞胎、三彩在流釉特征上与精致程度的关系并不密切，可以说精致、普通、粗糙的器皿都会有流釉的现象，而且流釉具有偶见性，这进一步加剧了它们之间关系的疏远。这一点我们在鉴定时应注意分辨。

▲图1-13　巩县窑有流釉三彩标本　唐代

杂质

背景信息： 中国古代绞胎及三彩釉在杂质上十分常见（图1-14），而杂质实际上是一种窑内缺陷。只要是施釉的器皿釉面之上或多或少地都会带有一些杂质，只不过这些杂质能够被我们的视觉识别出来，这显然就是有了轻微杂质，绞胎、三彩釉内的杂质显然就是一场视觉的盛宴。这一点在鉴定时我们应该注意分辨。

鉴定要点：

1、 从程度上看。绞胎及三彩根据其严重程度的不同，主要可以分为匀净、轻微和严重三个级别。匀净的釉面绞胎、三彩实际上都有见，只不过是数量非常少，特别是一些精致的三彩器皿之上匀净的情况非常多，由此可见，绞胎瓷器从根本上讲不是很注重釉面匀净的感觉；而三彩则比较注重这一点，轻微杂质多见，严重杂质的情况不是很常见（图1-15）。鉴定时应注意分辨。

▲图1-14　有杂质的三彩釉标本　唐代

2、 从时代上看。绞胎、三彩上的杂质时代特征并不是很鲜明，唐、宋、辽、金、元等时期可以说都有见。但是从时代上看盛唐时期的三彩在杂质上较为轻微，或者匀净的情况也有很多；其他历史时期的三彩在釉面杂质上的表现则是轻微，甚至严重的情况都有见。

3、 从窑口上看。中国古代绞胎、三彩器皿在釉面杂质与窑口的关系上比较明确。巩县窑烧制的绞胎、三彩在釉面杂质的处理上情况比较好，特别是三彩在杂质的处理上釉面匀净者为多见（图1-16），而其他窑口所烧造的在釉质匀净程度上则是略有下降。鉴定时应注意分辨。

下篇

绞胎 三彩 珍珠地
划花瓷 黑 钧 青白
釉瓷 黄釉瓷 紫 釉
胎 东窑 油滴釉瓷

73

4、 从精致程度上看。中国古代绞胎、三彩釉面上杂质与精致程度的关系并不复杂，最精致的三彩器皿之上所见杂质很少，绞胎瓷器即使最精致者也会有轻微杂质出现，严重杂质多出现在实用三彩器皿之上。这一点我们在鉴定时应注意分辨。

▲图1-16　三彩釉标本　唐代

化妆土

背景信息： 中国古代绞胎及三彩在化妆土的使用上特征明确，实际上化妆土从概念上看，就如同妇女化妆一样先打上的一层粉底（图1-17），三彩和绞胎之上也是这样。多涂抹着一层精细的化妆土，目的是为了有效防止胎釉剥离等现象的发生。鉴定时应注意分辨。

▲图1-17 施精细化妆土的三彩釉标本 唐代

鉴定要点：

1、 从精细程度上看。绞胎、三彩釉的化妆土在精细程度上特征比较明确，就是以精细的化妆土为显著特征，通常是一层薄薄的白色化妆土，以白色居多，手感细腻、平滑，几乎没有串色现象，无论在选料和淘洗上都是非常精炼。所以中国古代绞胎、三彩釉的器皿并不害怕暴露化妆土（图1-18），实际上有许多器皿化妆土都是暴露在外面，多数瓷器在未施釉的情况下施加化妆土。绞胎、三彩在化妆土的精细程度上基本类似，都达到了较高的水平。这一点我们在鉴定时应注意分辨。

2、 从无化妆土看。无化妆土的绞胎、三彩釉器皿几乎不见，只有在很个别的乡村级的窑场当中有见，但数量很少，基本上可以忽略不计。鉴定时应注意分辨。

▲图1-18 施精细化妆土的三彩枕 宋代

3、 从时代上看。绞胎、三彩釉上的化妆土时代特征较为明确，唐、宋、辽、金、元等各个历史时期都施加了化妆土（图1-19），很少见到未施加化妆土的情况。化妆土通常都是比较精细，粗糙的化妆土很少见，最为精致的化妆土为盛唐明器三彩。鉴定时应注意分辨。

4、从窑口上看。绞胎、三彩化妆土特征与窑口的关系并不明确。巩县窑烧造的绞胎及三彩器皿在化妆土上都是比较精细；其他窑口，如河南修武当阳峪窑、山西浑源窑等生产的绞胎瓷器，在化妆土上同样也是比较精细，这主要是由于绞胎瓷器在当时就是一种精美绝伦的艺术品，通常人们对于绞胎瓷器在化妆土的施加上都比较认真，敷衍的情况很少见。但在一些小的窑场烧造的器皿之上，在化妆土的施加上偶见有不太好的情况，这一点我们在鉴定时应注意分辨。

▲图1-19 施精细化妆土的三彩釉标本 唐代

5、从精致程度上看。中国古代绞胎、三彩器皿化妆土与精致程度关系并不密切，因为本身几乎所有的化妆土，无论是巩县窑还是其他窑口烧造的绞胎及三彩釉器皿（图1-20），在化妆土的施加上都比较认真，唯一的差别就是在选料上可能有些差别，如在淘洗上精益求精，目的是为了胎釉的结合，但胎釉结合的情况由于低温烧造的原因还不是很乐观。从发掘出土器物来看，有见胎釉剥离者，但不是很多，而且过于精致的三彩器皿基本上很少见胎釉剥离的现象，再者粗糙器皿也很少见胎釉剥离的现象，这是因为粗糙三彩往往和实用三彩和绞胎瓷器有着密切的关联，而实用器皿烧造温度非常高，基本上杜绝了胎釉结合不紧密的现象。鉴定时应注意分辨。

下篇

绞胎 三彩 玻珠地
划花瓷 酱 褐 青白
釉瓷 黄釉瓷 紫 红
胎 兔毫 油滴釉瓷

▲图1-20 施精细化妆土的三彩枕 辽代

❀稀薄❀

背景信息： 中国古代绞胎、三彩器皿中稀薄者有见，墓葬和遗址当中都有出土，墓葬出土多为一两件，遗址出土有见数十件者，由此可见，稀薄的釉质在绞胎及三彩釉上有一定的量。鉴定时我们应注意分辨。

鉴定要点：

1、 从通透性上看。釉质稀薄者实际上多体现在通透性上。我们知道绞胎瓷器实际上是一种透明的釉色，无论是黄、绿、淡黄等色彩，显然都是一种地色。而要想在通透性上达到一定的高度，客观要求它的釉层稀薄，因此绞胎瓷器在釉层上基本都是稀薄的（图1-21），而且稀薄的程度达到了不能再稀薄的程度，不会影响到我们视线对于绞胎纹饰的任何角度的观测。但是三彩在这一点上表现得就不是很好，虽然也有见较为稀薄者，但从数量上看显然很少，并不是三彩在釉层厚薄上的一种普遍的状态。鉴定时应注意分辨。

▲图1-21　稀薄釉绞胎瓷枕标本　唐代

2、 从时代上看。中国古代绞胎、三彩釉器皿在釉层稀薄特征上主要以绞胎为主，三彩为辅。唐、宋、辽、金、元等时期的绞胎釉上基本都是釉层稀薄者，这应该与其烧造目的有着密切的关联，显然是为了让人们观测到绞胎上的纹饰。鉴定时应注意分辨。

▲图 1-22　稀薄釉绞胎瓷枕标本　唐代

3、从窑口上看。中国绞胎及三彩釉器皿虽然出现了不少窑口，但主要以巩县窑为显著特征。巩县窑不仅创烧了绞胎、三彩釉，而且在很短的时间内使其在烧造技术上达至巅峰状态（图 1-22）。由此可见，在当时及其他时代诸多窑场都是在烧制绞胎及三彩的产品，因此巩县窑基本上是一个类似模子的窑口，传播的速度极快。我们在鉴定时要注意到这一特征。同时还要注意到诸多的绞胎及三彩釉器皿与巩县窑绞胎及三彩器皿的异同之处。

4、从精致程度上看。中国古代绞胎、三彩器皿稀薄釉与精致程度上的关系比较复杂，其实绞胎与其关系非常简单，主要以稀薄釉为显著特征，很少见到稠密的情况。主要是在三彩釉上表现得比较复杂，就是多数三彩釉器皿釉质是以稠密为主，精致、普通、粗糙与稀薄釉没有太大的关联。鉴定时应注意分辨。

稠密

背景信息： 釉质稠密实际上是一场视觉的盛宴，并没有判断的标准，主要是根据我们的视线来判断。如果我们的视线观测到三彩和绞胎器皿釉质是稠密的，它就是稠密（图1-23）；也可以从能否看到胎体及化妆土的色彩为显著特征，那么对于釉质稠密的瓷器来讲基本上可以将绞胎瓷器排除在外，因为几乎所有的绞胎器皿都是釉质稀薄者，但是三彩器皿基本上都是釉质稠密者。鉴定时应注意分辨。

鉴定要点：

1、 从厚釉上看。中国三彩基本上都是以较厚釉为显著特征。釉质是否厚与稠密没有必然的联系，再薄的釉如果是稠密的，显然是看不到任何胎体的，所以从釉质的稠密程度上看，三彩以稠密釉质为显著特征，稀薄釉罕见。

▲图1-23　稠密三彩龙首瓶　唐代

2、从薄釉上看。薄釉与釉质的稠密也没有必然的联系，一些实用三彩在釉层上比较薄（图1-24），但这些器皿上显然没有任何通透的感觉，反而是非常稠密，这一点足以说明釉质稠密与薄釉没有必然联系。鉴定时应注意分辨。

▲图1-24　稠密三彩釉标本　唐代

3、从时代上看。中国古代绞胎、三彩釉稠密的现象在时代特征上是比较明显的。绞胎基本上以稀薄釉为显著特征；三彩釉以稠密釉为显著特征，偶见有一些三彩釉有稀薄现象，但这显然不是主流。唐、宋、辽、金、元等各个时期基本上都有见这些情况。

4、从窑口上看。绞胎及三彩釉质稠密的特征在窑口上比较明显，以巩县窑烧造为最好，但是从窑口上看无论是巩县窑还是其他窑口，在三彩的釉质上多数以釉质稠密为显著特征（图1-25）。

5、从精致程度上看。釉质稠密与绞胎、三彩的精致程度没有必然的关系，精致瓷器以釉质稠密者居多，这一点显而易见。我们在鉴定时应注意分辨。

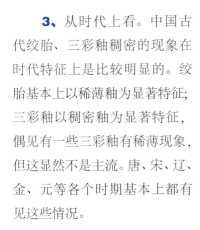

▲图1-25　稠密三彩釉标本　唐代

中国古代绞胎、三彩在手感上给人的印象深刻。从一些标本上看，触摸之感非常细腻、润泽、光滑、玉质感强烈（图1-26），用这些词来形容绞胎和三彩的手感其实并不过分，因为绞胎和三彩为唐宋时期最高级的艺术品，它不仅仅讲究的是外形和釉色，而且极为讲究把玩的手感，目的就是要给人们心灵上带来一种慰藉，使人们在把玩和欣赏绞胎及三彩之时感受到人生之美，如沐春风。当然客观上需要一些相当的技术要求，之所以绞胎和三彩各自都有两种相对立的瓷化程度，就是为了适应人们在手感上的需要。真正意义上的盛唐三彩手感多具有棉感、细腻、温润到了极点，原因是它的温度比较低，而低温釉的色彩显然是更加艳丽，使手感更加舒适（图1-27)，代价是放弃了实用；而实用三彩则是在手

▲图1-26　手感光滑的三彩武士俑　唐代

▲图1-27　手感光滑的绞胎瓷枕标本　唐代

感上失去了棉感，有时甚至有些粗涩，这与其温度高，釉质过分烧结有密切关联。绞胎瓷器也是这样，有高低温之分，高温的绞胎瓷器是实用器皿，它在手感上略微粗涩；而低温的绞胎釉器皿在手感上几乎是达到了温润的极致，细腻、柔和、润泽。鉴定时我们要注意分辨。

从时代上看。手感在时代特征上对于绞胎瓷器而言并不是很明确，各个时代都有可能出现高温或者低温釉绞胎釉瓷器，但是对于三彩器皿而言，真正意义上具有震撼性的三彩只是在盛唐时期出现，其他时间很少见。

第二节 ○ 施釉特征

通体施釉

背景信息： 中国古代绞胎及三彩釉器皿通体施釉的情况有见（图1-28），墓葬和遗址中都有见，从件数特征上看，多为一两件，由此可见，在总量上不是很大。

鉴定要点：

1、 从造型上看。通体施釉的绞胎及三彩釉器皿，主要是在特定造型上常见有通体施釉的情况，如绞胎瓷枕有很多情况下是通体施釉，还有碗、盘、罐、盒、壶、三彩器皿等都是这样。因为三彩器皿多数是随葬用的明器，并不实用，因此对实用不会有太大的影响，但通体施釉者的确是很常见。

2、 从时代上看。通体施釉的绞胎、三彩器皿在时代特征上比较明显，主要以精致的绞胎及三彩为显著特征（图1-29），多是以明器三彩为多见，时代以唐代常见，宋元时期不是很常见。

3、 从窑口上看。通体施釉的现象主要以巩县窑为显著特征，其他窑口也有通体施釉的情况，但从数量上看显然不是主流。鉴定时应注意分辨。

4、 从精致程度上看。中国古代绞胎与三彩通体施釉与精致程度的关系较为密切，通常精致瓷器多是通体施釉者，而普通和粗糙瓷器在通体施釉的频率上逐渐下降（图1-30）。鉴定时应注意分辨。

▲图1-28 通体施釉束腰三彩枕 宋代

▲图1-29 通体施釉绞胎罐 唐代

▲图1-30 通体施釉束腰三彩枕 宋代

局部施釉

背景信息：局部施釉的绞胎、三彩经常有见，是绞胎、三彩施釉的主流特征，三彩及绞胎瓷器在施釉特征上以各种各样的局部施釉为显著特征。鉴定时应注意分辨。

鉴定要点：

1、从种类上看。绞胎、三彩施釉在种类上比较繁多和复杂，几乎囊括了历史上所见过的局部施釉的特征（图1-31）。如施釉不及底、除足外均施釉、施半釉、施釉仅至下腹部等都有见，总之，看起来还是比较复杂。

▲图1-31　局部施釉三彩枕　宋代

2、从时代上看。局部施釉的绞胎、三彩在时代特征上较为鲜明，局部施釉的绞胎瓷器在时代特征上没有过于鲜明的特征，而局部施釉的三彩器皿在时代特征上较为具体。如施半釉的方式主要以唐代为显著特征，其他历史时期很少见。

3、从窑口上看。中国古代绞胎、三彩通体施釉者在窑口特征上十分清晰，以巩县窑为显著特征，其他窑口则很少见到通体施釉者。这一点我们在鉴定时应注意分辨。

4、从精致程度上看。中国古代绞胎及三彩釉器皿局部施釉与精致程度的关系不是很密切，就是精致、普通、粗糙的瓷器基本上都有见，但主要以精致瓷器为显著特征。鉴定时注意分辨。

第二章 珍珠地划花瓷

第一节 ○ 釉质特征

开片

背景信息： 开片是珍珠地划花瓷器釉面在烧造过程当中出现的裂纹（图2-1），一般呈现出无规律排列的特征，为窑内缺陷的一种，视觉概念，并不影响实用。为珍珠地划花瓷器之上最重要的釉质特征之一。

鉴定要点：

1、 从形状上看。珍珠地划花瓷器开片形状微观看来无序，无相同者，但宏观上有大体形状之分，如长条状、大开片、细碎开片、细小开片等，而且这些形状大体可控。不过通过大量的实物观测来看，珍珠地划花瓷器对于开片比较在意，进行了有意识的控制，所以珍珠地划花瓷器在开片的大小上，以细小开片为主（图2-2），在分布上边缘化。如瓷枕面的纹饰之上很少见到较为明显的开片，而在四周无纹处却可以明显地观测到，这说明珍珠地划花瓷器显然是在向精致瓷器的烧造水平靠拢，只不过是由于民间窑场成本控制的限制，才未能将开片完全杜绝，但开片在珍珠地划花瓷器上的表现显然已经十分微弱。鉴定时应注意分辨。

▲ 图2-1 略有开片的珍珠地划花瓷器 宋代

▲ 图2-2 细小开片的珍珠地划花瓷器 金代

下篇

绞胎 三彩 珍珠地
划花瓷 器 褐青白
釉瓷 黄釉瓷 紫红
胎 兔毫 油滴釉瓷

83

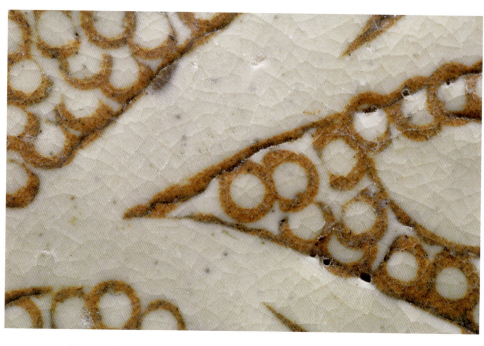

▲图 2-3　登封窑有开片的珍珠地划花瓷器　宋代

　　2、从时代上看。珍珠地划花瓷器在开片上的时代特征并不鲜明，宋、金、元等各个历史时期都有见，在开片控制上比较好，但是如果相比较而言，以北宋时期为最。其他时代略逊。

　　3、从窑口上看。珍珠地划花瓷器在窑口特征上不是很明确，磁州窑、登封窑、鲁山窑、修武窑、介休窑等都有见，但控制得比较好，如果从细微处比较以登封窑为最（图 2-3）。鉴定时应注意分辨。

　　4、从精致程度上看。珍珠地划花瓷器开片特征与精致程度有一定的关联，精致的瓷器上开片控制得比较好，而普通瓷器和粗糙瓷器就差一些。不过珍珠地划花瓷器由于普通和粗糙瓷器的数量太少了，所以多数都是精致的珍珠地划花瓷器，在釉面开片上控制得普遍都比较好。

厚薄

背景信息： 珍珠地划花瓷器釉质厚薄概念十分清晰，厚薄者兼有，但以薄釉为主，厚釉的情况几乎不见。鉴定时应注意分辨。

▲图2-4 薄釉珍珠地划花瓷器 宋代

鉴定要点：

1、 从厚薄程度上看。珍珠地划花瓷器釉层厚薄特征并不复杂，以薄釉为显著特征（图2-4）。因为薄的基础上才能不影响人们对于珍珠地划花纹饰的观瞻。

2、 从时代上看。珍珠地划花瓷器釉层厚薄在时代特征上比较模糊，宋金和元差别都不大，都是以薄釉为显著特征。鉴定时注意分辨。

3、 从窑口上看。珍珠地划花瓷器从窑口上看差别性不大，无论是磁州窑，还是密县窑和登封窑等，从出土器物上看都是以薄釉为显著特征，薄到透明的程度（图2-5）。这是其基本的特征。

4、 从精致程度上看。珍珠地划花瓷器在精致程度上与薄釉的关系并不密切，基本上所有的珍珠地划花瓷器的釉层上都是稀薄的，只是罩上一层透明釉而已。鉴定时应注意分辨。

▲图2-5 密县窑薄釉珍珠地划花瓷器标本 金代

均匀

背景信息： 均匀指的是珍珠地划花瓷器釉层的均匀程度，釉质均匀、釉质不均匀，两种状态概括珍珠地划花瓷器釉层均匀程度的特征。从大量墓葬和窑址、城址出土的珍珠地划花瓷器来看，釉质均匀显然是其主流特征。

鉴定要点：

1、 从釉质均匀上看，釉层均匀的珍珠地划花瓷器比较常见，这一点是显而易见的，墓葬和遗址中均有大规模的出土。从众多的实物观测来看，这些釉层均匀的珍珠地划花瓷器，基本上釉层都是相当地薄，仅仅是罩上一层，所以在釉层上比较均匀，当然或许从理论上讲它可能是不均匀的，但起码从珍珠地划花瓷器横截面胎体釉质厚度上看不出来，这就达到了鉴定中的釉层均匀程度（图2-6）。在这里要注意的是，珍珠地划花瓷器有时会由于胎体表面的凹凸起伏而造成手感，或者视觉上的凹凸不平，但实际上这种情况并不是由于釉层的不同而造成的。鉴定时应注意分辨。

▲ 图2-6　釉层均匀的珍珠地划花标本　金代

2、 从釉质不均上看。釉质不均的珍珠地划花瓷器有见，但数量上不是很多，墓葬和遗址内都有出土，数量多为一两件。一般情况下釉质不均的情况比较明显，视觉可以观察到其起伏变化的情况，当然有时候这种情况比较微弱，这不是一种严重缺陷，看来珍珠地划花瓷器可能也没有在意它，所以现在我们可以少量见到这样的瓷器。珍珠地划花瓷器釉质不均的现象整体性几乎没有，多是局部现象。鉴定时要注意分辨。

3、从时代上看。 珍珠地划花瓷器釉质均匀程度在时代特征上很明显,宋、金、元等各个时代都有见（图2-7）,不过从数量上看釉层均匀始终都是主流,釉层不均的情况偶有见。

▲图2-7　釉层均匀珍珠地划花瓷器　宋代

4、从窑口上看。 珍珠地划花瓷器在釉层的均匀程度上窑口特征十分明显,无论是磁州,还是登封窑和密县窑都生产有釉层均匀的珍珠地划花瓷器,同时也存在釉层不均的情况,但在数量上显然釉层均匀为主流。如果比较而言,应该是登封窑产品在质量上比较好,这是一个学术界的共识。

5、从精致程度上看。 珍珠地划花瓷器釉质均匀和不均匀与精致程度实际上关系并不大,从理论上讲釉层均匀的珍珠地划花瓷器在精致程度上应该较好（图2-8）,而釉层不均的珍珠地划花瓷器在精致程度上往往比较差。但从发掘出土的器物来看,这一点其实并不明显。鉴定时我们应注意分辨。

▲图2-8　釉层均匀较为精致的珍珠地划花九天玄女纹瓷枕　宋代

流釉

背景信息： 珍珠地划花瓷器流釉的现象并不严重，但时常有见，墓葬和遗址中出土器物，从件数特征上看有见一两件者，当总量不大，由此可见，珍珠地划花瓷器对流釉现象还是进行了一些控制。鉴定时应注意分辨。

鉴定要点：

1、 从流釉程度上看。珍珠地划花瓷器在流釉程度上以轻微流釉为多见，有时可见一些釉质流动的现象，但形成流釉痕迹的情况很少见，判断的标准取决于我们的视线。只要我们能够观察到，那么这件器物毫无疑问就产生了流釉现象；而我们如果观测不到的，则可以说没有发生流釉现象。严重流釉的情况，如形成蜡泪痕的情况很少见（图2-9）。珍珠地划花瓷器在流釉部位上似乎没有过于规律性的特征，这显然得益于珍珠地划花瓷器在釉质上的稀薄程度，过于稀薄的釉质实际上发生流釉的可能性是比较小的，所以一般情况下釉层在自上而下流动的过程当中很难形成过于明显的流釉痕。这一点我们在鉴定时要注意分辨。

▲图2-9 略形成泪痕的珍珠地划花瓷器标本　金代

2、 从流釉部位上看。珍珠地划花瓷器在流釉部位上的特征并不显著，自上而下的釉质流动由于釉层比较薄，所以流釉的情况很少发生。如珍珠地划花瓷瓶在其近底足部分，即使有流釉现象，也是比较轻微，所以底足流釉并不是珍珠地划花瓷器的主流，这是其与传统瓷器相区分的一点。而实际上通过观察珍珠地划花瓷器在流釉部位并没有过于规律的特征，而是呈现出无序性，几乎所有的部位都有见流釉现象，如口、沿、肩部、腹部、枕面及枕的四壁、底部等任何一个部位都可能形成流釉。如珍珠地划花瓷枕在枕面上有见流釉现象，不过通常不是很严重，流釉多是发生在枕的四壁上，有时可以看到一些明显的流釉痕迹，不过这种珍珠地划花瓷器在枕的四壁多没有纹饰。另外我们还见一种现象，就是珍珠地划花瓷器通常在有纹饰的釉面上做工比较精细，比如流釉现象很少见，或者是比较轻微。还以瓷枕为例，就是枕四壁都有纹饰的珍珠地划花瓷器四壁有流釉现象的情况大大少于枕面有没有纹饰的瓷枕，这显然说明珍珠地划花瓷器流釉现象在发生部位上还有一个重要特征，在有纹饰的釉面上刻意控制，而无纹饰的情况釉面极易发生轻微流釉现象。这一点我们在鉴定时要注意分辨。

3、从时代上看。珍珠地划花瓷器在流釉上的时代特征比较明确，宋、金、元等各个历史时期都有见（图2-10），比较普遍，但多以轻微为主要特征。

▲图2-10　釉面流釉珍珠地划花瓷器标本　宋代

4、从窑口上看。实际上珍珠地划花瓷器在窑口上并没有过于复杂的特征。明曹昭《格古要论》对磁州窑瓷器进行了评价，"古磁窑，好者与定相类，但无泪痕，亦有划花、锈花、素者低价与定器，新者不足论"。可见磁州窑有流釉的瓷器不是太多。无论是磁州窑还是登封窑以及密县窑等窑口在这一点上基本都相似（图2-11），没有过于规律的特征。

▲图2-11　登封窑珍珠地划花瓷器　宋代

5、从精致程度上看。珍珠地划花瓷器流釉与其精致程度有密切关系，通常情况下精致的珍珠地划花瓷器流釉现象很少，以普通和粗糙瓷器为显著特征。鉴定时注意分辨。

杂质

背景信息： 珍珠地划花瓷器釉面上有杂质的情况常见（图2-12），杂质是一种缺陷，从理论上看没有杂质的珍珠地划花瓷器釉质是不存在的，当然有的杂质可以通过烧造程度、技术、材料等因素被控制到相当接近于无杂质的程度，总体来看珍珠地划花瓷器釉面杂质不是很严重，但特征是复杂的。鉴定时应注意分辨。

▲图2-12 珍珠地划花瓷器 宋代

中国古瓷
鉴定笔记
釉工艺篇

90

▲图2-13 釉面有严重杂质的珍珠地划花瓷器 宋代

鉴定要点：

1、 从严重程度上看。珍珠地划花瓷器杂质根据其严重程度的不同，可以分为匀净、轻微、严重三个级别。匀净的珍珠地划花瓷器看不到任何杂质，这样的瓷器有一定的量存在，它表明珍珠地划花瓷器相当注重对于瓷器釉面杂质的处理（图2-13）。轻微杂质表现复杂，主要为两个方面：第一，局部性；第二，星点状。严重杂质人们很容易看出来，具有杂质颗粒较大、面积较大等特点，这样的杂质在珍珠地划花瓷器中比较少见。鉴定时要注意观察。

2、从时代上看。珍珠地划花瓷器杂质时代特征不明显，宋、金、元等各个历史时期在杂质上控制得都比较好，相对而言，宋代特别是北宋时期在质量上可能比其他时代要好一些。

3、从窑口上看。珍珠地划花瓷器杂质在窑口特征上比较鲜明，磁州窑、登封窑、鲁山窑、修武窑等在珍珠地划花瓷器杂质的处理上都达到了一定高度（图2-14），比较三个窑口以登封窑为最好。鉴定时应注意分辨。

4、从精致程度上看。珍珠地划花瓷器杂质的严重程度与精致程度有着一定关系，如匀净、轻微、严重所对应的是精致、普通、粗糙的珍珠地划花瓷器，但这对于珍珠地划花瓷器而言显然是理论上的，因为从实际情况来看，珍珠地划花瓷器精致瓷器比较多，粗糙和普通瓷器的数量很少见，所以这种对应关系在实际上不成立，主要以匀净和轻微的杂质对应精致的珍珠地划花瓷器为主。鉴定时要注意分辨。

▲图 2-14　登封窑略有杂质的珍珠地划花瓷器　宋代

化妆土

背景信息： 珍珠地划花瓷器化妆土特征用于沟通胎釉。对于珍珠地划花瓷器而言除了有效防止胎釉剥离现象的发生外，还承载着珍珠地划花的纹饰图案，珍珠地划花瓷器十分重视对于化妆土的施加（图2-15）。鉴定时注意分辨。

▲ 图2-15　珍珠地划花瓷器标本　宋代

鉴定要点：

1、 从精细程度上看。珍珠地划花瓷器十分重视化妆土，在精致程度上以精细为主，多见一层白色薄薄均匀的化妆土施于胎体表面，细腻、匀厚、柔软，从横截面看来十分精细，这应与珍珠地划花瓷器民窑性质节省成本有关。几乎所有的窑口都特别重视这种原料不是

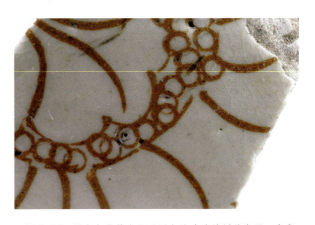

▲ 图2-16　胎色与化妆土几乎同色的珍珠地划花瓷器　宋代

很昂贵的化妆土，特别是珍珠地划花瓷器在化妆土技术上可以说达到颠峰状态，但珍珠地划花瓷器的化妆土从外表上看显然不是纯白色的，这与化妆土用一种橙红色的粉末在纹饰上蹭擦，粉末落下嵌入凹处，同时也落在了化妆土上是分不开的。当然这只是人们视觉上化妆土在色彩上的一种表现，只是受其影响而并不是最终色彩，其最终的色彩受其釉色的影响相当大的，以致于珍珠地划花瓷器在化妆土上的色彩与其釉色基本一致（图2-16）。所以珍珠地划花瓷器与其他瓷器不同，不但不怕暴

露化妆土，而且以暴露精细的化妆土为荣耀，除纹饰以外的留白处基本上都是化妆土的色彩。鉴定时注意分辨。

2、从时代上看。珍珠地划花瓷器施加化妆土在时代特征上并不明显，宋、金、元等各个时代都比较重视化妆土，不过从众多的实物观测来看，以北宋时期最为精细，其他时代略逊。鉴定时注意分辨。

3、从窑口上看。珍珠地划花瓷器施加化妆土在窑口上特征不是很明显，无论是磁州窑、登封窑等窑口都比较重视，质量上相当过硬，看来在化妆土上的认真态度已经成为珍珠地划花瓷器的一个良好的传统（图 2-17），这也是使其名扬天下的秘诀之一。

4、从精致程度上看。珍珠地划花瓷器化妆土的水平与精致程度有一定的关联，但这种关联并不紧密，多对应的是精致珍珠地划花瓷器，普通甚至是粗糙的珍珠地划花瓷器在施加化妆土上根据观察也是比较好。

▲图 2-17　磁州窑珍珠地划花瓷器　金代

稀薄

背景信息： 珍珠地划花瓷器以釉质稀薄为显著特征，这一点确信无疑，这是珍珠地划花瓷器的性质所决定的，因为要想看到精美绝伦的珍珠地划花纹饰必然要求釉层稀薄（图2-18）。鉴定时应特别注意这一点。

▲图2-18 釉层稀薄的珍珠地划花瓷枕 宋代

94

鉴定要点：

1、 从通透性上看。珍珠地划花瓷器釉层稀薄的情况较为常见，其在釉质上的一个重要特点就是通透性好，视线几乎不受到什么阻碍就可以看到处于釉下的珍珠地划花图案，十分清晰（图2-19），而不是若隐若现。"通透性"是其最显著特征之一。我们在鉴定时要注意分辨。

▲图2-19 图案清晰的珍珠地划花瓷枕 宋代

2、从时代上看。珍珠地划花瓷器稀薄釉没有明显的时代特征，宋、金、元、等各个时代都是这样，在这一点上几乎没有改变过。

3、从窑口上看。珍珠地划花瓷器在窑口上特征比较清晰。珍珠地划花瓷器的各个窑口基本上都相似（图2-20），没有过于复杂性的特征。

▲图2-20　登封窑釉层稀薄的珍珠地划花瓷器　宋代

4、从精致程度上看。珍珠地划花瓷器釉质稀薄现象与精致程度没有过于紧密的关系，因为几乎所有的珍珠地划花瓷器在釉质上釉层都稀薄，所以就不存在精致、普通、粗糙之分。鉴定时应注意分辨。

▲图2-21　手感细腻釉层稀薄的珍珠地划花瓷器　宋代

5、从手感上看。珍珠地划花瓷器在釉质上手感细腻、润泽、光滑（图2-21），感觉很舒服。由于以精致瓷器为主，所以多数瓷器的感觉都是这样，手感粗涩的瓷器釉面很少见。特别是瓷枕由于是人们直接的寝具，所以釉面特别的光洁滑润。我们鉴定时要注意分辨。

第二节 ● 施釉特征

背景信息： 通体施釉的珍珠地划花瓷器有见，墓葬和遗址中都有见，有一定的量，但在总量上看不是很丰富。鉴定时要注意分辨。

鉴定要点：

1、 从器型上看。通体施釉的珍珠地划花瓷器的器物造型特征并不是很明显，几乎所有的器物造型都有可能出现通体施釉的情况，如碗、瓶、罐、枕等。这一点是显而易见的，只不过是不同的器物造型在施釉频率上不同而已，不过相互比较而言，珍珠地划花瓷器在器物造型上没有哪一种是突出的，从比例关系上看较具均衡化特征。一般的碗、盘、瓶、罐等器皿都是足底部往往不施釉，枕往往是底部不施釉。

2、 从时代上看。通体施釉的珍珠地划花瓷器时代特征鲜明，宋、金、元等各个历史时期都有见，关系也较具均衡化特征。

3、 从窑口上看。珍珠地划花瓷器通体施釉的窑口特征不明显，不见一个窑口在这一特征上有突出表现者，看来这与珍珠地划花瓷器为深度民间窑场的性质有密切关系。鉴定时我们要注意分辨。

中国古瓷
鉴定笔记
釉工艺篇

96

4、 从精致程度上看。通体施釉的珍珠地划花瓷器与精致程度有一定的关联，通常通体施釉的珍珠地划花瓷器多为精致瓷器。但精致瓷器却未必都是通体施釉的情况，通体施釉的瓷器中也有普通和粗糙的瓷器，这一点在鉴定时我们也要注意分辨。

背景信息： 局部施釉的珍珠地划花瓷器最为常见，是珍珠地划花瓷器施釉方式的主流（图 2-22），以局部施釉为显著特征，墓葬和遗址之中都有见，总量比较大。鉴定时注意分辨。

▲ 图 2-22　局部施釉的珍珠地划花瓷枕　宋代

鉴定要点：

1、从局部施釉部位上看。珍珠地划花瓷器局部施釉位置比较复杂，如施釉不及底足、仅至下腹、除底外、除底足外、施釉近足部、枕面四壁等都有见，只不过是这些施釉部位特征出现的频率有差异性。如施釉不及足底的情况比较多，如许多碗、盘、罐、瓶、枕等都是这样；除底外、除底足外、施釉近足部等比较常见。这与其民间窑场性质密切相关，人们视线看不到的地方往往就是民间窑场瓷器未施釉的地方，而官窑瓷器则没有这一点，讲究一致性。鉴定时我们要注意分辨。

2、从时代上看。局部施釉的珍珠地划花瓷器在时代特征上异常明显，贯穿于整个珍珠地划花瓷器史（图 2-23），宋、金、元等各个历史时期都有见，从数量上看比例基本相当。鉴定时注意分辨。

▲ 图 2-23　局部施釉的珍珠地划花瓷器标本　宋代（正）

3、从窑口上看。珍珠地划花瓷器局部施釉的情况从窑口上看并不复杂，各个时代烧造珍珠地划花瓷器的窑场都有烧造，磁州窑、登封窑及密县窑等在局部施釉上特征基本相似。

4、从精致程度上看。珍珠地划花瓷器局部施釉与精致程度没有过于紧密的联系，无论精致与否的珍珠地划花瓷器局部施釉的情况都有见，以普通和粗糙瓷器的器皿数量比较少。鉴定时要注意分辨。

第一节 ○ 釉质特征

开片

背景信息： 开片是瓷器釉面在烧造过程当中出现的裂纹，无规律地排列着（图3-1），为窑内缺陷的一种，但并不影响实用。酱、褐、青白釉瓷器在开片上时常有见，贯穿于酱、褐、青白釉瓷器发展始终，遗址和墓葬都有出土，在总量上有一定的量，为酱、褐、青白釉瓷器之上最常见和重要的特征之一。

▲图 3-1 有开片的青白瓷标本 宋代

▲图 3-2 较浅开片的青白瓷釉茶盏 宋代

鉴定要点：

1、 从形状上看。酱、褐、青白釉瓷器在开片形状上基本是无序的，各种形状都有见，如长条状、大开片、小开片、稀疏开片、细碎开片等都有见。这可能与酱、褐、青白釉瓷器多为深度民窑产品有关，不可能像官窑瓷器对于瓷器的开片进行相应的控制（图3-2）。

2、 从时代上看。酱、褐、青白釉瓷器在时代特征上不是很明确，六朝直至明清时期都有见，并没有过于规律性的特征。鉴定时应注意分辨。

3、从窑口上看。中国古代酱、褐、青白釉瓷器在窑口特征上也并不明确（图3-3），无论是烧造酱、褐瓷器的诸多窑场，还是景德镇窑及其窑系的瓷器，在开片釉上基本相似，并没有过于规律性的特征 。鉴定时应注意分辨。

▲图 3-3　景德镇窑开片明显的青白瓷盏　北宋

4、从精致程度上看，酱、褐、青白釉瓷器在开片特征上与精致程度并没有过于紧密的联系，由于酱、褐、青白釉瓷器在开片上没有进行控制，所以开片与釉质的精致程度的关系并不密切，而是精致、普通、粗糙的瓷器都有见（图3-4）。鉴定时应注意分辨。

▲图 3-4　基本不见开片的普通酱釉瓜棱腹瓷执壶　宋代

背景信息： 酱、褐、青白釉瓷器在厚薄上比较明确。较厚釉与略薄相对，酱、褐釉以较厚釉为显著特征，青白瓷以略薄为显著特征。鉴定时应注意分辨。

鉴定要点：

1、 较薄釉。较薄釉以酱、褐釉瓷器为常见，从发掘出土的器物来看，多数酱褐釉瓷器在釉层上较薄（图 3-5），这与其深度民窑产品的性质有关，由于是民窑产品中的较低档次，所以烧造上并没有对于釉质下太多的功夫，特别是在技术含量不高的情况下，施釉较为随意，加之成本的因素导致较薄釉。但也不是说所有的酱、褐釉色的瓷器都是较薄釉，只是主流而已。

2、 略薄釉。略薄釉在酱、褐釉瓷器中也常见，而且有集中出土的情况，从发掘出土的器物来看略薄釉的瓷器多数是青白瓷。由此可见，青白瓷作为民窑瓷器中的高档产品，十分重视釉质，特别是釉层的厚度，同时我们也可以看到景德镇窑高超的制瓷技术。

▲图 3-5　釉层较薄的酱釉瓷盒　金代

3、 从时代上看。酱、褐、青白釉瓷器在厚薄上时代特征很明确（图 3-6），主要分为两个方面：一是酱、褐釉瓷器从六朝到明清时期都没有太大改变，较为稳定，以较薄釉为显著特征。二是宋元时期的青白瓷器主要以略薄釉为显著特征，其他时代很少见。鉴定时我们应注意分辨。

▲图 3-6　薄釉青白瓷镂空窗饰　宋代

4、从窑口上看。酱、褐、青白釉瓷器在窑口特征上十分明显（图 3-7），较厚釉的酱、褐釉瓷器以各个时代的窑口搭烧为显著特征，而较薄釉的青白瓷则以景德镇窑及其窑系为显著特征。

5、从精致程度上看，酱、褐、青白釉瓷器釉层的厚薄与精致程度有一定的关系，这种关系很明确，就是较厚釉的瓷器多以普通和粗糙者为多见；而略薄釉的瓷器精致、普通、粗糙者都有见。原因很简单，就是较薄釉的瓷器多为酱褐釉瓷器，而略薄釉的瓷器多为青白釉色的瓷器。鉴定时应注意分辨。

▲图 3-7　釉层极薄的景德镇窑青白瓷标本　宋代

背景信息： 均匀指的是酱、褐、青白釉瓷器釉层均匀的程度，在釉层的均匀程度上主要分为釉层均匀和釉层不均匀（图3-8），另外，还可以分为通体均匀和局部均匀两种情况，对于酱、褐、青白釉瓷器而言这几种情况都有见。鉴定时应注意分辨。

▲图 3-8　釉层不均的酱釉瓷标本　元代

鉴定要点：

1、 从均匀程度上看。酱、褐、青白釉瓷器在均匀程度上严重分化为两个极端：一是以酱、褐釉瓷器为显著特征，釉层不均的情况十分常见，也可以说是其重要的特征。二是以青白瓷为显著特征，釉层均匀的情况占据绝对主流地位，很少见到有釉层不均的现象。从通体与局

▲图 3-9　局部基本均匀的酱釉标本　元代

部的关系上看也是这样，酱、褐釉瓷器主要是以局部均匀为主（图3-9），通体均匀者很少见；而青白瓷则是以通体均匀为主，局部均匀的情况只是偶见。鉴定时应注意分辨。

2、从时代上看。酱、褐、青白釉瓷器在釉质均匀程度上时代特征较为明确，釉层均匀和通体均匀的青白瓷主要在宋元时期有见，特别是在宋代最为常见。而釉层不均和局部均匀的酱、褐釉瓷器则是从六朝开始就有见，直至明清。鉴定时应注意分辨。

3、从窑口上看。酱、褐、青白釉瓷器在釉层上特征明确，釉层均匀和通体均匀的青白瓷主要以景德镇窑及窑系为显著特征。如福建的德化窑就生产有大量的青白瓷，显然属于景德镇窑青白瓷系统，偶有见不均的情况（图 3-10）。而釉层不均的酱、褐釉瓷器则没有专属窑口，主要以搭烧为主。

4、从精致程度上看。酱、褐、青白釉瓷器釉质均匀或不均的现象与精致程度有一定的关联，酱、褐釉瓷器由于以釉层不均为显著特征，所以很少见到精致的瓷器，多以普通和粗糙器皿为主。而釉层均匀的青白瓷则是以普通瓷器为主，精致和粗糙的瓷器都有见。鉴定时要注意分辨。

流釉

背景信息： 流釉是在瓷器烧造过程当中，由于釉质在高温下流动所造成的（图3-11）。所以从理论上讲任何瓷器都存在着流釉的痕迹，只是流釉痕迹轻微与否的问题，因此流动痕迹应该是一种窑内缺陷。鉴定时应注意分辨。

▲图3-11　口部有流釉酱釉瓷盒　金代

鉴定要点：

1、 从流釉程度上看。酱、褐、青白釉瓷器在流釉程度上轻微和严重并存（图3-12），酱、褐釉瓷器在流釉程度上偶见较为严重者，能够见到较大的流釉痕迹，但多数器皿还是以轻微流釉为显著特征；青白釉瓷器流釉现象很少见到，以釉面匀净为显著特征，既使有流釉现象也十分轻微，与酱、褐釉区别较大的地方是流釉发生的频率要低得多。鉴定时应注意分辨。

104

▲图3-12　内壁有轻微流釉的酱釉瓷碗　宋代

2、 从流釉部位上看。酱、褐、青白釉瓷器流釉在流釉部位上特征很明确，多数在近底足处（图3-13），或者是在下腹部露胎处有流釉，这是由釉质流动性的特性所决定。流动必然是一个自上而下的过程，因此在器物下部常见流釉痕迹。具体我们来看一下：

（1）底足流釉。这是主流，但多限于酱、褐釉瓷器（图3-14），青白釉瓷很少见，各个历史时期都有见，没有过于规律性的特征。

（2）半釉处流釉。因施半釉，露胎较为常见，釉层在流动过程当中常常形成聚集，所以半釉处流釉较为严重，多数为严重流釉，但主要以酱、褐釉瓷器为主。青白瓷因为基本不见施半釉现象，所以基本上也不存在半釉处流釉的情况。从时代上看十分明确，主要以唐代为主，五代、辽金等时期有见。鉴定时应注意分辨。

▲图3-13　近足处有明显流釉的酱釉瓷碗　宋代

3、 从时代上看。酱、褐、青白釉瓷器流釉的时代特征比较复杂（图3-15），主要分为两种情况：一是酱、褐釉瓷器除了唐代半釉处流釉现象明显外，其他时代的瓷器在流釉痕迹上基本相似，没有过于规律性的特征。二是青白瓷在时代特征上很明确，以宋元时期为主，不过青白瓷由于是民窑瓷器的精品，流釉现象通常情况下很少见。

▲图3-14　底足流釉的酱釉瓷碗　宋代

4、从窑口上看。酱、褐、青白釉瓷器在窑口上特征较为明确，同样分为两种情况：酱、褐釉瓷器在窑口上特征不明确，不同时代的各个窑口都有兼烧（图3-16）；青白釉瓷器在窑口特征上十分明确，就是以景德镇窑为显著特征，这一点十分明确。鉴定时应注意分辨。

▲图3-15 流釉较甚的褐釉瓷盒 唐代

5、从精致程度上看。酱、褐、青白釉瓷器流釉与精致程度的关系十分明确，流釉的发生本身意味着瓷器在精细程度上的缺失，对于酱、褐、青白釉瓷器而言与精致瓷器基本无缘，多数为普通和粗糙的瓷器。鉴定时要注意分辨。

▲图3-16 流釉明显的褐釉瓷枕 金代

杂质

背景信息：酱、褐、青白釉瓷器釉质上有杂质的情况比较常见。杂质是一种缺陷（图3-17），从理论上看没有杂质的酱、褐、青白釉瓷器釉质是不存在的，但是杂质又是可控的。精致的瓷器可以将杂质控制在较好的范畴之内，而普通和粗糙的瓷器在这方面略逊，当然杂质的程度与酱、褐、青白釉瓷器的烧造态度、技术、材料等有着密切的关系。在鉴定时应注意分辨。

▲ 图 3-17　釉面有杂质的酱釉瓷瓶　宋代

鉴定要点：

1、从程度上看。酱、褐、青白釉瓷器在杂质的严重程度上比较复杂（图3-18），可以分为匀净、轻微、严重三个等级。酱、褐釉的瓷器很少见到釉面匀净者，釉面匀净者主要以青白瓷为显著特征，但数量不是很多。轻微杂质主要以青白瓷为显著特征，许多青白瓷的釉面上可以看到星星点点的杂质存在，但多是局部存在，通体杂质的情况不多见。严重杂质者主要以酱、褐釉瓷器为显著特征，可以很明显地看到颗粒较大的杂质（图3-19）。这一点我们在鉴定时要注意分辨。

▲图 3-18　釉面杂质明显的褐釉瓷器　金代

2、从时代上看。釉面有杂质的酱、褐、青白釉瓷器在时代上特征很鲜明，以酱、褐釉瓷器为主的釉面严重杂质者各个历史时期都有见，从六朝直至明清。以青白瓷为主的匀净和轻微杂质者在时代上主要以宋元时期为主，特别是釉面匀净者多以宋代为多见。鉴定时要注意分辨。

3、从窑口上看。有杂质的酱、褐、青白釉瓷器在窑口特征上十分鲜明（图 3-20），酱、褐釉瓷器为代表的严重杂质者多没有固定的窑口，多为各个时代不同窑口所兼烧。而以青白釉瓷器为代表的轻微杂质者，主要以景德镇窑及其窑系为显著特征。

▲图 3-19　釉面有杂质的黄褐釉瓷瓶　宋代

▲图 3-20　釉面略有杂质青白瓷标本　元代

4、从精致程度上看，有杂质的酱、褐、青白釉瓷器与精致程度的关系并不复杂（图 3-21）。从出土器物来看，釉面匀净者多以精致瓷器为主，轻微和严重的杂质多以普通和粗糙的器皿为主。鉴定时应注意分辨。

▲图 3-21　釉面有杂质的普通褐釉瓷盒　宋代

化妆土

背景信息： 化妆土顾名思义就如同妇女化妆之时在面部打的粉底一样，酱、褐、青白釉瓷器在胎体施釉之前同样需要进行化妆土的施加，可以有效防止胎釉剥离等情况的发生，中国古代酱、褐、青白釉瓷器绝大多数施有化妆土。但施加化妆土的情况十分复杂。鉴定时我们应注意分辨。

鉴定要点：

1、 从精细程度上看，酱、褐、青白釉瓷器在化妆土的精致程度上特征比较明确（图3-22），酱、褐釉瓷器精细程度不高，但基本上化妆土的功能还是可以实现的，通常多见一层薄薄的化妆土，以白色为多，其他色彩有见，平滑、均匀，手感细腻，异常精细，胎釉结合良好，基本上很少见到胎釉剥离等现象；化妆土精细者多以青白瓷为主，质地细腻，淘洗精炼，极为精细，这类化妆土多以青白瓷为显著特征，其他瓷器很少见到。从暴露胎体的情况来看，酱、褐、青白釉瓷器露化妆土的现象十分普遍（图3-23），但主要以酱、褐釉瓷器为主，青

▲图3-22 化妆土细腻的青白瓷标本 元代

▲图3-23 露胎处未施化妆土的褐釉瓷瓶 金代

白瓷很少见。酱、褐釉瓷器在外壁很多是施半釉，或者是施釉仅至肩腹部，很大一部分就是直接露胎，而并没有像定窑白瓷那样施加化妆土。这一点我们应注意分辨。由此可见，酱、褐、青白釉瓷器对于化妆土的使用，其主旨思想是完全以实用为主。

2、从时代上看。酱、褐、青白釉瓷器化妆土时代特征明显，各个历史时期都比较重视，从六朝时期化妆土施加比较普遍，直至明清时期都是这样。但是相比较而言，酱、褐、青白釉瓷器应该是以宋代鼎盛期的化妆土施加为最好（图3-24），但这一特征只是整体上的概念，从个体区别上几乎不能发现。鉴定时应注意分辨。

3、从窑口上看。酱、褐、青白釉瓷器在施加化妆土的窑口上特征较为明显，化妆土施加较为精细的青白瓷多以景德镇窑为主，其他的窑口很少见。而酱、褐釉瓷器在窑口上特征是较为分散，各个历史时期的不同窑口多有生产，在施加化妆土上的特点基本相似。

4、从精致程度上看。酱、褐、青白釉瓷器在化妆土的施加上与精致程度有一定的关联，这种关联分为两种情况：一种是酱、褐釉瓷器，由于本身很少见到精致瓷器，所以无论是精细还是略粗的化妆土酱、褐釉瓷器多为普通和粗糙者(图3-25)；另外一种是青白釉瓷器，精细的化妆土所对应的通常应该是精致瓷器，但从实践上看，由于在青白瓷上施加的化妆土多数较为精细，所以基本上可以看到无论是精致、普通、还是粗糙的青白瓷在化妆土的施加上都是以精细为主。鉴定时应注意分辨。

▲图3-24　精细化妆土青白瓷标本　宋代

▲图3-25　有化妆土的普通青白瓷标本　元代

稠密

背景信息： 釉质稠密显然为一场视觉上的盛宴，至今并没有数据上的标准。一般情况下以是否能够看到胎色及化妆土的色彩为标准。酱、褐、青白釉瓷器显然以釉质稠密为显著特征，釉质稠密的瓷器在总量上占到绝大多数。鉴定时应注意分辨。

鉴定要点：

1、从程度上看。酱、褐、青白釉瓷器在釉质稠密的程度上特征比较明确（图3-26），就是稠密程度比较好，而且十分稳定，不仅仅是厚釉釉质稠密，而且薄釉在釉质稠密的程度上也表现得比较好。从色彩上看，不仅酱、褐釉瓷器在釉质的稠密程度上比较好，而且青白瓷虽然看上去色彩较为鲜亮，但仔细观察即使略薄的釉层，我们也无法透过青白釉色看到胎体，由此可见，釉质稠密显然是酱、褐、青白釉瓷器的固有特征。鉴定时应注意分辨。

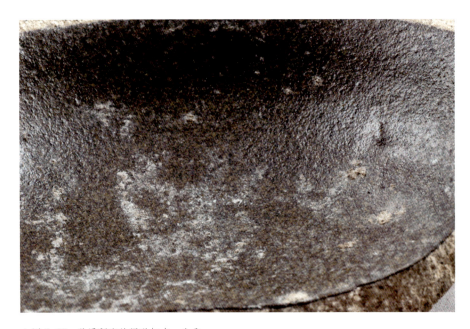

▲ 图3-26 釉质稠密的褐釉标本 金代

2、从时代上看。酱、褐、青白釉瓷器釉质稠密的现象在时代上并没有过于规律性的特征（图3-27），而是各个时代都有见，其中青白瓷以宋元时期为常见。鉴定时应注意分辨。

3、从窑口上看。釉质稠密的酱、褐、青白釉瓷器在窑口上鲜明，酱、褐釉瓷器不同时代的各个窑场都有烧造，但并没有专有的窑口在烧造，这契合了其深度民窑的性质。而青白釉瓷器在窑口上特征亦是鲜明，主要以宋元时期为显著特征，明代也有一些，但数量很少。

4、从精致程度上看。釉质稠密与酱、褐、青白釉瓷器的精致程度没有必然的联系，因为几乎所有的酱、褐、青白釉瓷器在釉质上的特征都是稠密，其所对应的精致、普通、粗糙的瓷器都有见（图3-28）。鉴定时应注意分辨。

▲图3-27 稠密酱釉瓷器标本 元代

▲图3-28 釉质稠密的普通褐釉盒 宋代

第二节 ● 施釉特征

背景信息： 通体施釉的酱、褐、青白釉瓷器有见，但一般情况下限于特殊的器物造型，我们来看一则景德镇湖田窑 H 区附属主干道发掘的实例，"宋代瓷枕，通体施青白釉"。在釉色上以青白瓷为显著特征，酱、褐釉瓷器居于辅助的地位，这类在墓葬和遗址中都有见，但数量并不是很多。我们在鉴定时应注意分辨。

鉴定要点：

1、 从造型上看。通体施釉的酱、褐、青白釉瓷器显然是以造型为先导，当然从宏观上看通体施釉的造型很多，几乎包含所有的器物造型，如碗、盘、碟、壶、瓶、壶、钵、鹿、牛等都有见，但是在这些器物造型上通体施釉的比例却大不相同。碗、盘、碟等日用器皿的比例很小，数百件器皿中或许只有 1 件是通体施釉的，而像一些特殊的造型，如仿生动物施满釉的情况就较为常见。我们来看一则景德镇湖田窑 H 区附属主干道发掘的实例，"宋代瓷鹿，H3：98 全身施青白泛黄色釉"。像这样的例子不是孤例，很多器皿都是这样，由此可见，比例比较大。鉴定时应注意分辨。

2、 从时代上看。通体施釉的酱、褐、青白釉瓷器在时代特征上较为鲜明（图 3-29），宏观上看应该是各个时代都有见，但从数量上看应该是以青白瓷鼎盛的宋元时期为显著特征，特别是以宋代为显著特征。鉴定时应注意分辨。

▲ 图 3-29　通体施釉青白瓷器花座足　宋代

3、从窑口上看。 酱、褐、青白釉瓷器通体施釉者在窑口上特征较为分散，各个历史时期的不同窑口都有烧造，但从数量上看，主要以宋代景德镇窑为多见。

4、从精致程度上看。 通体施釉的酱、褐、青白釉瓷器与精致程度的关系较为密切，主要分为两种情况：一是酱、褐釉瓷器，由于是民窑瓷器中的低档品，所以即使通体施釉者也多不是精致的瓷器，以普通瓷器为主；二是青白瓷，通体施釉者大多数情况下较为精致，但普通和粗糙的瓷器亦有见，只不过在数量上比较少而已。

局部施釉

背景信息： 局部施釉的酱、褐、青白釉瓷器中最常见（图 3-30），是酱、褐、青白釉瓷器施釉方式的主流，酱、褐、青白釉瓷器施釉特征基本上是由各种各样的局部施釉组合而成的。鉴定时应注意分辨。

▲ 图 3-30　底部未施釉的青白瓷标本　元代

鉴定要点：

1、 从种类上看。酱、褐、青白釉瓷器局部施釉在种类上异常繁多，常见的有施釉不及底、半釉、仅至下腹、除底外、除底足外、施釉近足部等。由此可见，局部施釉在种类上真的是错综复杂，异常繁缛。我们具体来看一看：

▲ 图 3-31　施半釉褐釉瓷枕　金代

（1）半釉。施半釉的情况在酱、褐、青白釉瓷器之上常见（图3-31），以唐代为多见，其他时代也有见，但数量不是很多，这与唐初惜釉的习俗有关，进而形成了一种固定化的模式。由于青白瓷器在宋代才得以产生，所以酱、褐、青白釉瓷器中的半釉主要指的是酱、褐釉瓷器。鉴定时应注意分辨。

（2）釉不及底。这是酱、褐、青白釉瓷器中最为常见的一种局部施釉方式。我们来看一则景德镇湖田窑H区附属主干道发掘的实例。"宋代瓷瓶，T4②：219外施青白釉不及底"。通常情况下所谓的釉不及底，多指的是外壁施釉不及底。从数量上看，釉不及底的施釉方式规模庞大，从时代上看各个历史时期都有见，是酱、褐、青白釉瓷器施釉的主流（图3-32），特别是以青白瓷上的数量最多。

（3）除圈足施釉。这

▲ 图 3-32　局部施酱釉瓷瓶　宋代

▲图 3-33　局部施褐釉瓷盒　唐代

种情况的施釉方法主要以青白瓷为显著特征。我们来看一则景德镇湖田窑 H 区附属主干道发掘的实例，"宋代瓷盏，除圈足外满施青白釉"。从这种施釉方式上可见除了圈足外均施釉多数是较为精致的瓷器，粗瓷不大可能使用如此繁琐的施釉方法，因此这种瓷器不仅仅多数限定的是青白瓷，而且限定在宋代较为精致的青白瓷之上。鉴定时我们应注意到这一点。

（4）内及外上部施釉。这种施釉的方法时常有见。我们来看一则山东龙口市阎家店遗址发掘的实例，"宋代瓷碗，内及外上部施酱釉"。由此可见，这件器物在施釉方法上显然是真正的实用主义，典型的民窑产品。鉴定时应注意分辨。

总之，酱、褐、青白釉瓷器在局部施釉上种类繁多（图 3-33），十分复杂，以上几种只起到蜻蜓点水的引导作用，但其本质特征是相同的，都必须与其民窑的性质相契合，这一点是显而易见的。

2、从时代上看。局部施酱、褐、青白釉的瓷器在时代特征上总的来看不是很分明，各个历史时期都有见（图3-34），只是在出现的频率和种类上略有不同而已。鉴定时应注意分辨。

3、从窑口上看。酱、褐、青白釉瓷器局部施釉者在窑口特征并不复杂，各个窑口烧造的酱、褐、青白釉瓷器明显都是以局部施釉为主，特征较为相似，只是在细节上有微小的区别。鉴定时应注意分辨。

▲图3-34　局部施褐釉瓷瓶　宋代

4、从精致程度上看。局部施釉的酱、褐、青白釉瓷器与精致程度的关系比较复杂，可以说精致、普通、粗糙的瓷器都有见，只不过精致瓷器的比例明显减少（图3-35）。

▲图3-35　局部施釉普通酱釉双系罐　宋代

第一节〇釉质特征

开片

背景信息： 开片是瓷器釉面在烧造过程当中出现的裂纹，无规律地排列着，为黄釉瓷器窑内缺陷的一种。这显然是一种视觉上的概念，并不影响实用，这对于黄釉瓷器一个深度民窑的窑场来讲可能并不算什么太大的缺陷，所以烧造黄釉瓷器的各窑场显然并不避讳开片釉的存在（图4-1），开片贯穿于黄釉瓷器发展始终，遗址和墓葬都有出土，为黄釉瓷器之上最重要的特征之一。

▲图4-1　开片明显瓷器　唐代

中国古瓷
鉴定笔记
釉工艺篇

120

鉴定要点：

1、 从形状上看。黄釉瓷器开片形状微观无序，有"开片无双"之说，但从宏观上大体形状可循，如大开片、条状开片、小开片、稀疏开片、细碎开片等，从实际情况来看这些情况都有见，基本上是一个没有控制的状态。鉴定时要注意分辨。

2、 从时代上看。有开片的黄釉瓷器在时代特征上并不是很明显，因为它是一种窑内缺陷，所以偶发性比较强，再加之黄釉瓷器基本上没有怎么控制，所以从时代上看，黄釉瓷器在时代上并没有过于规律性的特征，各个时代都有见（图4-2）。如果从数量上看，唐宋、金元要严重一些，而明清时期的宫廷用瓷比较轻微。

▲图 4-2 开片较明显的黄釉瓷器 唐代

3、 从窑口上看。黄釉瓷器在窑口上特征明确，除了明清时期的景德镇御窑之外，不存在名窑开片轻微的情况，而是各大窑口在开片釉上的状况相当，如寿州窑、密县窑、浑源窑等基本都相似。鉴定时要注意分辨。

▲图 4-3 未有效控制的大开片黄釉瓷器 唐代

4、 从精致程度上看。黄釉瓷器开片特征与精致程度有一定的关系，但对于黄釉瓷器而言并不紧密，有联系的为明清时期的景德镇窑所烧造的瓷器，釉面开片有意进行控制，所以开片不是很明显；而从唐初到元代黄釉瓷器民窑烧造，开片从未进行有效控制（图 4-3），所以开片与精致程度几乎没有太大的关联。

背景信息： 黄釉瓷器在釉质厚薄上的特征较为明显，以薄釉为显著特征，不同时代和窑口的黄釉瓷器在釉质厚薄上的特征有不同之处，但多是薄釉之下小幅度的变化，这与其民间窑场的性质相吻合。鉴定时注意分辨。

鉴定要点：

1、 从程度上看。黄釉瓷器在厚薄程度上虽然是以薄釉为主，但从众多的釉质来看还是较为复杂，基本上可以分为较薄釉和薄釉、稀薄等三种情况。其实这并不是一个发展过程，它们之间具有相互独立的关系（图4-4）。从数量上看以薄釉为显著特征，较薄釉和非常稀薄的釉都只是偶见。

▲图4-4　较薄釉黄釉瓷器　宋代

中国古瓷
鉴定笔记
釉工艺篇

122

2、 从时代上看。黄釉瓷器釉层厚薄在时代特征上不是很明显，不同时代的黄釉瓷器在釉层厚薄上有一定的差异性特征：

（1）唐代。唐代黄釉瓷器初创期，釉层厚度较薄，施半釉，稀薄者也有见，多呈现出流釉的痕迹。

（2）宋元时期。使用薄釉，但稀薄者少见，流釉等痕迹明显减少。鉴定时应注意分辨。

（3）明清时期。明清时期黄釉瓷器釉层厚薄上传统者还是以薄釉为主，几乎与宋元时期没有什么两样，只是宫廷用瓷可能要略厚一些。

3、从窑口上看。黄釉瓷器在发展史上不同窑场之间釉层厚度差异性不大，不同历史时期之间的差异性不大。如唐代寿州窑黄釉瓷器比较薄，而明清时期的黄釉瓷器基本上也是釉层较薄，可以说贯穿于整个黄釉瓷器史（图4-5）。在窑口上看，不同窑口在釉层厚薄之间的差异性并不大，如寿州窑和肖窑之间存在着的差异性就不大，总之黄釉瓷器是以薄釉为主要特征。鉴定时要注意分辨。

4、从精致程度上看。黄釉瓷器釉层的厚薄与其精致程度的关系并不密切，黄釉瓷器并没有表现出厚釉者精致、薄釉者粗糙的特性，而是薄釉之中有精致、普通和粗糙之分，而且由于黄釉瓷器基本上以民间窑场为显著特征，所以精致的瓷器数量很少，以普通和粗糙者为最常见。只是到了明清时期宫廷用黄釉瓷器，在精致程度上达到了新的高度，宫廷用瓷基本上都是精美绝伦、巧夺天工之器。

▲图4-5　薄釉黄釉瓷器　明代

均匀

背景信息： 黄釉瓷器均匀主要指的是黄釉瓷器釉层均匀的程度，其存在的形态主要有两种，一是釉层均匀，二是釉层不匀。两种状态的黄釉瓷器墓葬和遗址中都有见，从出土器物的数量来看，显然是以釉层不匀为显著特征，釉层均匀为辅助。这一点鉴定时要注意分辨。

鉴定要点：

▲图 4-6　釉质均匀的黄釉瓷寿桃　明代

1、 从釉层均匀上看。釉层均匀的黄釉瓷器出土数量很少，这一点从众多出土器物之上可以看得很清楚（图 4-6）。从初唐黄釉瓷器的产生开始算起，直至元代，釉层均匀者其实都很少见，特别是通体均匀的情况数量真的是太少了，基本上以局部釉层均匀的情况为显著特征，只是到了明清时期的宫廷用瓷在釉层的均匀程度上才达到了一个相当高的水平，但宫廷用瓷数量非常之少，与黄釉瓷器的总量相比，基本上可以忽略不计。

中国古瓷
鉴定笔记
釉工艺篇

2、 从釉层不匀上看。黄釉瓷器釉层不匀的情况十分常见，从数量上看占据绝对优势。绝大多数黄釉瓷器都是釉层不匀，但多数黄釉瓷器釉层不匀的情况都是局部不均匀，其实通体不匀的情况也很少见，这一大量釉层不均的情况显然是一种缺陷，但黄釉瓷器看来很不在意，并不避讳这一窑内缺陷，显然这与黄釉瓷器深度民间窑场的性质关系密切。它的形成主要与黄釉瓷器稀薄的釉质有密切关系，稀薄釉，流动速度慢，必然会形成堆积，造成釉质不均，这是其发生釉层不均现象的主要原因之一。鉴定时应注意分辨。

3、从时代上看。黄釉瓷器釉质均匀的现象具有鲜明的时代特征，基本上贯穿于黄釉瓷器的始终（图4-7）。唐五代时期是这样，宋元时期也是这样，这与其民间窑场的性质有着密切关系。人们多看重的是黄釉瓷器的实用功能，而很少留意到这些细节，明清时期部分黄釉瓷器也是这样，只是宫廷用瓷在釉层上多均匀，但数量很少。

▲图4-7　釉质均匀精致黄釉梅花口杯　唐代

4、从窑口上看。不同窑口的黄釉瓷器在釉质均匀程度上特征明显不同，主要分为两个极端，釉层均匀者以明清时期的景德镇窑独尊，景德镇窑烧造的御用黄釉瓷器在釉层均匀程度上可以说达到了极致，比起历史上任何一种名瓷来讲都毫不逊色。另外一极是传统的黄釉瓷器窑口，如寿州窑、肖窑、郏县窑、浑源窑等烧造的黄釉瓷器釉层均匀程度都不是很好，这显然与民间用瓷有很大关系。鉴定时我们要注意到这种两极化的特征。

▲图4-8　严重流釉黄釉瓷瓶　唐代

5、从精致程度上看。黄釉瓷器釉层是否均匀与精致程度关系密切（图4-8），这一点很清楚，整体上看不是很清晰，但个别时代的窑口异军突起。如明清时期的景德镇御窑所生产的黄釉瓷器在釉层上基本都处于均匀的状态，很少见到釉层不均的情况。而其他时代和窑场则多是釉层不匀的情况。这一点我们在鉴定时要注意分辨。

流釉

背景信息: 流釉的黄釉瓷器时常有见，釉质流动的痕迹十分清晰，看来流釉的这种窑内缺陷在黄釉瓷器之上表现还是十分明显，从总量上看可以说是占据主流。

鉴定要点:

1、 从流釉程度上看。黄釉瓷器流釉程度可以说比较严重（图4-9），瓷轻微流釉者也有见，但和严重流釉的数量相比，可以说是微不足道。大部分黄釉瓷器我们可以清晰地看到黄釉瓷器釉质流动的过程，而这显然已经是较为严重的流釉了，形成的聚釉痕也经常有见。不过在黄釉瓷器上还存在一种现象就是基本无流釉的情况，而明清时期宫廷用黄釉瓷器基本上杜绝了流釉的现象。这一点在鉴定时要注意分辨。

▲图4-9　近底足流釉黄釉瓷器标本　明代

2、 从流釉部位上看。黄釉瓷器流釉的部位有一定的规律性特征，这是由釉质流动性的特性所决定的。流釉一般是一个自上而下流动的过程，所以形成堆积的地方往往是器物的下方，如碗、盘等器皿可能都是这样。这一点在鉴定时我们要注意分辨。具体常见的部位主要有：

（1）底足流釉。这显然是黄釉瓷器的主流（图4-10），与釉质流动的规律一致。

（2）半釉处流釉。多限制在施半釉的黄釉瓷器之上，以唐初最为多见，实际上整个唐代五代时期都比较多见，其他历史时期很少见。

3、从时代上看。黄釉瓷器在流釉特征上的时代性不是很强，基本上贯穿于迄今的整个黄釉瓷器史。以前期唐五代、宋元时期较为严重，明清时期表现略为轻微一些。

▲图4-10　流釉黄釉瓷盘　明代

4、从窑口上看。黄釉瓷器在窑口上的特征十分清晰。从唐初的寿州窑、肖窑直到后来的各个窑口基本上流釉现象都比较严重，只有明清时期的景德镇窑所生产的御用黄釉瓷器基本上杜绝了流釉这一窑内缺陷。

5、从精致程度上看。黄釉瓷器的流釉与精致程度关系密切。由于明清时期景德镇御窑生产的黄釉瓷器都是精美绝伦之器皿、精益求精之作，而这些瓷器之上流釉现象基本不见。但其他传统窑口所生产的黄釉瓷器则很少见到精致瓷器，而是以普通和粗糙的黄釉瓷器为主，因此事实上形成了无流釉的黄釉瓷器所对应的显然多是明清宫廷用瓷，而有流釉的瓷器对应的多是传统窑口生产的瓷器。鉴定时要注意分辨。

杂质

　　背景信息：黄釉瓷器釉质上有杂质的情况常见，杂质是一种窑内形成的缺陷，它的形成与烧造态度、技术、材料等有着密切的关系。黄釉瓷器在釉层内杂质的控制情况上并不是很好，这亦是显而易见的，主流特征十分明显。

鉴定要点：

　　1、从程度上看。有杂质的黄釉瓷器根据其严重程度的不同，可以分为匀净、轻微、严重三个级别。匀净的黄釉瓷器看不到任何杂质，如景德镇窑生产的宫廷用黄釉瓷器一般，釉面看不到任何杂质，釉质匀净。轻微杂质表现比较复杂，主要为二个方面，对于黄釉瓷器而言通体和局部兼具，另外就是密集性不太好，点状形状（图4-11）。同样这两点在黄釉瓷器之上表现得也是比较明显。严重杂质的情况在黄釉瓷器之上很常见，数量最多，显然为黄釉瓷器中的主流，特点是人们很容易看出来，具有杂质颗粒较大、杂质面积较大等特点。鉴定时要注意分辨。

　　2、从时代上看。黄釉瓷器在杂质上时代特征比较鲜明，可以说贯穿于黄釉瓷器的始终。从唐宋时期直至明清时期的大多数黄釉瓷器都是这样，只是明清御窑场在黄釉瓷器杂质的控制上比较好。但从理论上讲即使官窑也不可能完全避免釉内杂质的存在，只要我们的视觉感觉不到，那么这样的黄釉瓷器显然就具有釉质匀净的特性。可见黄釉瓷器从根本上看还是不太重视釉面杂质的控制。鉴定时要注意分辨。

▲ 图4-11　釉面有点状杂质的黄釉瓷器　明代

▲图 4-12　釉面略有杂质的黄釉瓷器　明代

3、从窑口上看。有杂质的黄釉瓷器在窑口特征上比较鲜明，可以说只有景德镇官窑生产的黄釉瓷器釉面无杂质外，其他的传统窑场（图 4-12），如唐代寿州窑黄釉瓷器和肖窑焦黄釉瓷器等在杂质的处理上都不是很好，嫣然轻微和严重杂质滥觞。

4、从精致程度上看。有杂质的黄釉瓷器与精致程度关系密切，匀净的黄釉瓷器基本上对应的是精致者，但轻微和严重杂质多对应的是普通或者是粗糙的杂质。鉴定时我们要注意分辨。

化妆土

背景信息：化妆土是指在施釉之前在坯胎上先打一层细薄均匀的像妇女化妆之时用的粉底，这样有利于胎釉的结合紧密程度，可以有效防止胎釉剥离等现象的发生。黄釉瓷器绝大多数施有化妆土。鉴定时要注意分辨。

鉴定要点：

1、从精细程度上看。黄釉瓷器化妆土的精致程度略有问题，多见一层薄薄的化妆土，以白色为多，其他色彩有见，但手感并不是很平滑和均匀，略有粗涩感，看来并不是十分精细，当然这与黄釉瓷器的民窑性质是相符的，造成这两点的原因一是选料不精，二是淘洗并非精炼。这种情况也造成了黄釉瓷器在胎釉结合上的一些问题，就是黄釉瓷器胎釉剥离的现象十分常见（图4-13）。但明清时期官窑生产的黄釉瓷器除外，宫廷用瓷在化妆土上是精益求精，几无缺憾。

▲图4-13　胎釉剥离略粗的化妆土黄釉瓷器　唐代

▲图 4-14　精细胎化妆土黄釉瓷寿桃　明代

2、从时代上看。黄釉瓷器化妆土特征在时代上较为明显，具有普遍性，基本上不见未施化妆土的现象，从唐初到明清时期都是这样，可以说贯穿于整个黄釉瓷器史。鉴定时我们要注意分辨。

3、从窑口上看。黄釉瓷器化妆土在窑口特征上十分明显，除了景德镇官窑生产的黄釉瓷器之外，其他的窑口，如寿州窑、郏县窑、浑源窑等生产的黄釉瓷器在化妆土上表现一般，胎釉剥离等现象常见，看来在施加化妆土上态度并不是那样的认真。

4、从精致程度上看。黄釉瓷器化妆土与精致程度的关系十分密切，精致的黄釉瓷器基本上在化妆土上都是表现得很好，这一点主要是指明清官窑瓷器(图4-14)。粗略的化妆土所对应的往往是除官窑外的普通和粗糙黄釉瓷器。鉴定时应注意分辨。

稀薄

背景信息： 黄釉瓷器中釉质稀薄者常见，墓葬和遗址中都有出土，从件数特征上看，墓葬出土数量多为一两件，遗址出土数量可达数百上千件，看来在总量上规模庞大，这显然是黄釉瓷器在釉质特征上的主流。鉴定时要注意分辨。

鉴定要点：

1、 从通透性上看。釉质稀薄的黄釉瓷器在釉层的通透性上比较好，一般情况下都可以透过稀薄的釉质隐约或者清晰地看到化妆土的底色，当然产生这种现象的重要原因显然是民窑性质的黄釉瓷器为了节约成本的缘故，线索比较清晰。但有一个例外，就是明清时期的官窑黄釉瓷器显然在釉质上比较薄，但并不稀，而是表现出了稠密性，这也与官窑瓷器不计工本的生产有关，这样的黄釉瓷器显然不具有通透性。

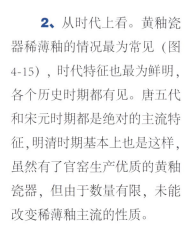
2、 从时代上看。黄釉瓷器稀薄釉的情况最为常见（图4-15），时代特征也最为鲜明，各个历史时期都有见。唐五代和宋元时期都是绝对的主流特征，明清时期基本上也是这样，虽然有了官窑生产优质的黄釉瓷器，但由于数量有限，未能改变稀薄釉主流的性质。

▲图4-15　稀薄黄釉瓷碗　明代

▲图4-16　稀薄黄釉瓷盘标本　明代

3、从窑口上看。黄釉瓷器在窑口上的特征十分鲜明，除景德镇官窑外以传统窑场为主，从唐代的寿州窑黄釉瓷器开始直至明清时期的乡村土窑都是这样，可以说是贯穿于黄釉瓷器的始终。

4、从精致程度上看。黄釉瓷器釉质稀薄现象与精致程度有着密切的关系，稀薄的釉质所对应的往往都是普通和粗糙的瓷器，精致瓷器非常少见（图4-16）。这一点我们在鉴定时要特别注意。

稠密

背景信息： 黄釉瓷器釉质稠密的现象少见。从概念上看，它是一场视觉盛宴，并没有数据上的标准来判断黄釉瓷器是否为釉质稠密，而是以能否看到胎色及化妆土为标准。完全看不到胎色的为釉质稠密，在总量上显然不占主流。鉴定时要注意分辨。

鉴定要点：

1、 从厚釉上看。黄釉瓷器中厚釉与釉质稠密并没有直接的联系，再肥厚的釉质如果非常稀，照样还是可以看到胎体，仍然不能属于釉质稠密的范畴。在黄釉瓷器上这种情况很少见，因为这不符合黄釉瓷器民间窑场节约成本的特性。

2、 从薄釉上看。黄釉瓷器的釉质稠密与薄釉没有直接的关系，并不是说薄釉一定就是稀薄的，它也有可能是稠密的。如景德镇官窑所生产的黄釉瓷器那样，虽然釉很薄但是十分稠密。基本上没有透感。这一点我们在鉴定时要注意分辨。

3、 从时代上看。黄釉瓷器釉质稠密的现象时代特征并不鲜明，任何时代和窑口都有可能会生产出釉质稠密的黄釉瓷器（图4-17），只不过除了明清时期的景德镇官窑外，其他窑场所生产的数量都很少，远达不到主流的程度。

4、 从窑口上看。黄釉瓷器在窑口上特征十分鲜明，几乎所有的黄釉瓷器在窑口上都有可能会出现釉质稠密的器皿，但显然数量很少，只有景德镇御窑所生产的黄釉瓷器基本都是釉质稠密者，这一点在历史上表现得特别明显，毋庸置疑。

5、 从精致程度上看。黄釉瓷器釉质稠密与黄釉瓷器精致程度没有必然的联系，但在现实中由于官窑生产的黄釉瓷器多为精致器皿，所以客观上在明清官窑之中黄釉瓷器稠密者在精致程度上具有了对应精致瓷器的特征。鉴定时要注意分辨。

▲图 4-17　稠密黄釉瓷寿桃　明代

背景信息：黄釉瓷器手感是黄釉鉴定中的重要一环，釉面质量好的黄釉瓷器在手感上细腻、光滑、润泽，但釉面粗糙的瓷器则是相反，黄釉瓷器由于浓郁的民窑性质所限，其釉质在手感上并不是太好（图4-18），只是到了明清时期才有所改变。鉴定时应注意分辨。

▲图4-18　手感粗涩黄釉瓷罐　六朝

鉴定要点：

1、从涩感上看。黄釉瓷器手感特征不是很明显，从实物标本上感觉，细腻、滋润、光滑有感，但同时也伴随着涩感，可能是修胎不仔细所造成毛茬，这说明黄釉瓷器的确是较为粗糙的。其实这也很好理解，因为本身黄釉瓷器就是民间用瓷的一种，它所追求的主要是实用的价值，甚至是实用与观赏的融合，但唯独可能没有考虑到把玩的功能，或者说把玩功能的瓷器很少见，所以当你去触摸黄釉瓷器时感觉自然不是太好。

2、从时代上看。黄釉瓷器涩感这一感觉显然是黄釉瓷器的主流，因为从时代上看，从唐代直至元代都是这样，从数量上看也占据着绝大多数。釉面精细者只有明清时期官窑烧造的黄釉瓷器有见，自然在手感上会产生亦真亦幻的美妙感觉。

3、从窑口上看。黄釉瓷器手感与窑口的关系并不密切，绝大多数窑口所生产的黄釉瓷器都是实用器皿，所以在手感上都会略感粗涩。但是唯独有一个历史时期和一个窑口所生产的黄釉瓷器在手感上表现得"尽善尽美"，这就是明清时期的景德镇御窑场，专门为宫廷烧造的黄釉瓷器。由于官窑的烧造，技术的提高，工艺的精湛，所以当我们触摸黄釉瓷器之时已经没有粗涩的感觉，取而代之的是玉质感强烈、细腻、滋润，光滑如脂，给人的感觉是震撼、美妙，　看来明清时期中国古代黄釉瓷器把玩功能达到了巅峰状态。

4、从精致程度上看。黄釉瓷器手感与精致程度有着直接的关联，工艺精益求精者自然手感非常好，而普通和粗糙的瓷器则是下降一个档次，产生不同程度的粗涩感。而对于黄釉瓷器而言精致瓷器很明确就是明清时期宫廷用器，唐五代、金元时期的精致瓷器很少见，以粗糙瓷器为最多，普通瓷器次之，由此可推测其在手感上优劣程度。鉴定时注意分辨。

下篇
绞胎 三彩 珍珠地
划花瓷 酱 褐 青白
釉瓷 黄釉瓷 紫 红
胎 兔毫 油滴釉瓷

137

第二节 ● 施釉特征

通体施釉

背景信息: 通体施釉的黄釉瓷器有见(图4-19),墓葬和遗址中都有出土,从件数特征上看,墓葬多为一两件,遗址出土数量也不多,在总量上有一定的量,但显然占不到主流的地位。鉴定时要注意分辨。

▲ 图 4-19　通体施黄釉瓷枕　宋代

鉴定要点:

1、 从造型上看。黄釉瓷器通体施釉以造型优先,众多的考古发现证明,大多数通体施釉的黄釉瓷器只有在特定造型的先决条件下才会出现,如束腰的瓷枕就时常有见通体施釉者,另外盏、碗、盘、盒、壶、罐等,都时常有见通体施釉的情况,但并不是说所有的造型都是通体施釉。我们在鉴定时应注意分辨。

2、 从时代上看。通体施釉的黄釉瓷器在时代特征上并不明显,各个历史时期都有见,但是早期出现的频率很低,如初唐的时候多数还都是施半釉的情况,随着时间的推移直至明清时期数量达到最多。

3、 从窑口上看。通体施釉的黄釉瓷器在窑口上特征异常鲜明,主要以明清时期景德镇官窑瓷器为显著特征。景德镇官窑所生产的黄釉瓷器基本上都是通体施釉,局部施釉的情况很少见。其他窑口这种的情况差一些,如寿州窑黄釉瓷器刚好反过来,通体施釉者很少,局部施釉的情况很多。鉴定时应注意分辨。

4、 从精致程度上看。黄釉瓷器通体施釉与其精致程度在特定的时代和窑口有一定的关联,如明清时期的景德镇官窑生产的黄釉瓷器就是这样,通体施釉的黄釉瓷器显然是精致瓷器。其原因很简单,因为凡是官窑生产的黄釉瓷器基本上都非常精致。但其他时代和窑口通体施釉的黄釉瓷器与精致程度则没有过于紧密的关联。

局部施釉

背景信息： 局部施釉的黄釉瓷器比较常见（图4-20），这一点显而易见，因为从数量上看占到绝大多数，是黄釉瓷器施釉方式的主流。鉴定时应注意分辨。

鉴定要点：

1、 从种类上看。黄釉瓷器局部施釉种类异常繁多，常见的有施釉不及底、施半釉（图4-21）、施釉仅至下腹、除底外均施釉、施釉近足部等。在这些施釉种类之下还包含着各种各样的情况，可以说是特征繁多。但从出现的频率上看，这些种类的出现基本上呈现出均衡化的状态，并不存在哪一种很突出的情况，看来黄釉瓷器局部施釉有向多元化方向发展的趋势。

▲图4-20 局部施釉的黄釉瓷碗 明代

▲图4-21 施半釉的黄釉瓷罐 唐代

2、从时代上看。局部施釉的黄釉瓷器时代特征鲜明，贯穿于整个黄釉瓷器史，各个时代都有见，包括明清时期官窑生产的黄釉瓷器之上都有局部施釉者，只是出现的频率比较低而已。但在一些特定的时代一些特定的施釉方式频繁出现，如唐代施半釉的黄釉瓷器就十分频繁有见，五代时期也是这样，但其他历史时期就很少见到这种情况。这一点我们在鉴定时要注意。不过并不是说每一种施釉方式都是这样。如施釉至下腹部的特征，可能从黄釉瓷器产生之初直到明清时期都有见，总之我们在鉴定时要关注这些时代上所留给我们的重要特征。

3、从窑口上看。局部施釉的黄釉瓷器从窑口上特征比较明确，可以说除景德镇官窑以外的窑口，基本上生产都以局部施釉为显著特征，如寿州窑、密县窑、郏县窑、浑源窑等都大量烧造，为当时日用瓷的主流。鉴定时注意分辨。

4、从精致程度上看。黄釉瓷器局部施釉的情况与精致程度的关系并不是很密切，可以说精致、普通、粗糙者都有见。但精致器皿很少见，主要以明时期景德镇官窑黄釉瓷器为主；普通和粗糙的黄釉瓷器数量众多，各个历史时期都有见（图4-22），看来黄釉瓷器显然是以局部施釉为主流。

▲图 4-22　局部施釉的黄釉瓷碗标本　明代

第五章 紫、缸胎、兔毫、油滴釉瓷

第一节 ○ 釉质特征

开片

背景信息： 开片是瓷器在烧造过程当中出现的一种窑内缺陷，这种窑内缺陷主要是温度和釉质之间不融合所造成的，会出现一些裂纹。这种裂纹并不影响实用，所以中国古代紫釉、兔毫釉、油滴釉瓷器从根本上并不排除开片的存在。在墓葬和遗址出土的器物当中有见，是瓷器釉面特征的重要组成部分，但表现十分弱化（图5-1）。

▲图5-1 开片较为弱化的兔毫釉瓷器标本 元代

鉴定要点：

1、从形状上看。中国古代紫釉、兔毫釉、油滴釉瓷器开片形状从宏观上看是无序的，有大开片、细小开片、稀疏开片、细碎开片之分，但从微观上看这些开片又是可以控制的，通过众多实

▲图5-2 不见开片的油滴釉黑瓷标本 宋代

物观察，我们发现中国古代紫釉、兔毫釉、油滴釉瓷器在开片釉的控制上比较好，就是有意对开片进行了一些控制，这是一个重要的特征。从程度上看，中国古代紫釉、兔毫釉、油滴釉瓷器上有很多瓷器不能够明显看出开片，多为一些细碎的开片。细碎及深刻的程度等都表现出弱化的特点，这是中国古代紫釉、兔毫釉、油滴釉瓷器当中的一个重要特征（图5-2）。鉴定时应注意分辨。

2、 从时代上看。中国古代紫釉、兔毫釉、油滴釉瓷器从时代上看比较明确，就是宋代对于开片控制得非常仔细，无论是精致、普通还是粗糙瓷器的釉面上都很少见有开片的存在，只是随着时代的推移，元明甚至清代生产的兔毫釉、油滴釉瓷器在釉面开片的程度上有一些增强，但是与其他色釉瓷器相比其开片的程度还是最小的，看来开片微弱的传统在中国古代紫釉、兔毫釉、油滴釉瓷器之上一直得到了延续。

3、 从窑口上看。中国古代紫釉、兔毫釉、油滴釉瓷器的开片在窑口特征上比较明显（图5-3），紫釉、兔毫釉、油滴釉瓷器在开片的控制上比较好。虽然有很多器皿之上有开片，但从各个窑场来看无论是专烧还是兼烧中国古代紫釉、兔毫釉、油滴釉瓷器的窑场，在釉面的控制之上显然都保持了这一传统。鉴定时应注意分辨。

4、 从精致程度上看。中国古代紫釉、兔毫釉、油滴釉瓷器在开片与精致程度的关系，从宏观上看不是很密切。无论是精致、普通还是粗糙的瓷器都对开片进行了一些控制，与同时期其他色釉瓷器相比，开片控制得比较好。当然没有开片也是不可能的，因为从理论上讲任何瓷器的釉面都应该有开片的存在，只是开片存在的微弱程度不同而已。而中国古代紫釉、兔毫釉、油滴釉瓷器当中的兔毫釉、油滴釉瓷器由于渐变色彩的影响，显然也掩饰了一些开片的严重程度。从微观上看，开片与精致程度的关系十分密切，就是精致的紫釉、兔毫釉、油滴釉瓷器在开片上控制得比较好，视觉几乎感觉不到，我们称之为釉面匀净；普通和粗糙的瓷器在釉面开片上控制的显然不是那么好，我们也很难清楚地看到（图5-4）；粗糙瓷器在釉面的控制上显然更为粗略，开片的程度有时可以观察到。鉴定时应注意分辨。

▲图5-3 开片较为弱化的兔毫釉瓷器标本 元代

▲图5-4 紫釉瓷器标本 清代

厚薄

背景信息： 中国古代紫釉、缸胎釉、兔毫釉、油滴釉瓷器厚薄的概念比较清晰，紫釉、缸胎釉、兔毫釉、油滴釉瓷器在厚薄特征上多不是非常厚，只是有一定的厚度，精致瓷器和普通瓷器在釉质层厚薄的区别上较大，不同窑口和时代的区别更大。在鉴定时应注意分辨。

鉴定要点：

1、 从程度上看。中国古代紫釉、缸胎釉、兔毫釉、油滴釉瓷器在釉质的厚薄程度上特征明确，从宏观上看可以分为较厚釉、较薄釉、薄釉三种 (图5-5)，看似一个发展过程，但是它们之间没有任何必然的联系。在宋代紫釉、兔毫釉、油滴釉瓷器厚度多以较厚釉和较薄釉为显著特征，真正的薄釉瓷器数量很少见；元代真正较厚釉的瓷器在数量上多一些；明清时期的茄皮紫釉在厚度上由于烧造温度低等原因，所以在厚度上略厚一些，但在本质特征上还是延续传统。鉴定时应注意分辨。

▲ 图5-5　较厚油滴釉黑瓷标本　宋代

2、 从时代上看。不同时代的中国古代紫釉、缸胎釉、兔毫釉、油滴釉瓷器在厚薄程度上有一定的差异性。如紫釉瓷器在宋代多数是较薄釉，然而元代釉层的厚度逐渐增加，到了明代又有所下降。鉴定时应注意分辨。

▲ 图5-6　较厚兔毫釉黑瓷标本　宋代

3、从窑口上看。中国古代紫釉、缸胎釉、兔毫釉、油滴釉瓷器窑口特征也非常的明显，就是说不同窑口之间中国古代紫釉、缸胎釉、兔毫釉、油滴釉瓷器在釉层厚薄上存在着一些差别（图5-6）。如建窑的紫建和定窑的紫定瓷器以较薄釉为显著特征，兔毫釉和油滴釉瓷器以较厚釉为显著特征。在建窑瓷器当中是这样，但是在一些仿烧它的窑场烧造的这些瓷器，其釉层的厚度有变厚的倾向。另外，就是景德镇窑烧制的茄皮紫釉在釉层的厚薄程度上显然是以较厚釉为显著特征，而仿烧它的窑场生产的茄皮紫釉在釉层的厚度上显然以薄为主，目的很明显是为了节省成本的需要，并且以高温釉为显著特征。

4、从精致程度上看。中国古代紫釉、缸胎釉、兔毫釉、油滴釉瓷器釉层厚薄与精致程度的关系并不密切（图5-7），或者只能说是在特定的时代和窑口内有一定的关联。如紫定瓷器在定窑当中釉层较薄，紫建在建窑瓷器当中也是这样，但兔毫及油滴釉瓷器在建窑瓷器当中则是以较厚釉为显著特征，当然较薄釉的情况也有见。而这种状况在元代平衡被打破，可能整个厚度都要向上进一步的发展，但幅度并不是太大。明清时期景德镇窑生产的茄皮紫釉在釉层厚薄程度上较厚，这与茄皮紫釉瓷器官窑生产，不计成本等特征有着密切的关联。由此可见，中国古代紫釉、缸胎釉、兔毫釉、油滴釉瓷器精致程度与厚薄没有特定的关联。这一点在鉴定时我们应注意分辨。

▲ 图5-7　较厚油滴釉黑瓷标本　宋代

背景信息：均匀是指中国古代紫釉、缸胎釉、兔毫釉、油滴釉瓷器釉层均匀的程度。中国古代紫釉、缸胎釉、兔毫釉、油滴釉瓷器在釉层的均匀程度上主要分为均匀和不均两种状态（图 5-8），这两种状态的瓷器在墓葬和遗址当中都有见，以釉层均匀为显著特征。鉴定时应注意分辨。

鉴定要点：

1、从釉质均匀上看。釉层均匀的器皿在中国古代紫釉、缸胎釉、兔毫釉、油滴釉瓷器当中非常多，从出土器物上看无论兔毫釉还是油滴釉瓷器在均匀程度上都比较好，多数是通体均匀、内外均匀。缸胎的瓷器也是这样，有的时候就是内壁施釉，这些釉层多数比较均匀，因此从时代、窑口上看均匀是其显著特征，可见宋元时期在釉层均匀程度上呈现出的是固定化的趋势。鉴定时应注意分辨。

2、从釉质不均上看。中国古代紫釉、缸胎釉、兔毫釉、油滴釉瓷器釉质不均者有见，但多是以局部均匀为显著特征（图 5-9），就是整体上釉层都不均匀的情况很少见。还有一个重要的特征就是从发现众多的兔毫釉、油滴釉瓷器上看，多数瓷器在釉层均匀程度上都是相同的，但是一些器物造型与釉层的厚薄有一定的关联。如兔毫釉和油滴釉的盂，我们发现它的外壁及胎体较为明显的平折沿处多比较厚，在胎体上则是比较薄，而且这种现象以一些乡村级小窑场生产的中国古代紫釉、缸胎釉、兔毫釉、油滴釉瓷器中为多见。鉴定时我们应注意分辨。

中国古瓷
鉴定笔记
釉工艺篇

▲图 5-8　釉层均匀的洁白胎茄皮紫釉瓷器标本　清代　　▲图 5-9　釉层局部不均的油滴釉黑瓷标本　宋代

3、 从时代上看。中国古代紫釉、缸胎釉、兔毫釉、油滴釉的瓷器在釉层均匀程度上时代特征不是很明显。宋元、明清时期的一些紫釉、缸胎釉、兔毫釉、油滴釉瓷器在釉层上基本相似，以釉层均匀为显著特征，釉层不均的情况与某些造型、时代、窑口、器物的精致程度有着密切关联 (图 5-10)。釉层均匀在时代特征上没有明显的限制。鉴定时应注意分辨。

▲图 5-10　釉层略有不均兔毫釉瓷器标本　元代

4、 从窑口上看。中国古代紫釉、缸胎釉、兔毫釉、油滴釉瓷器不同窑口在釉层均匀程度上具有一些明显的特征，这一点是显而易见的。如紫定、紫建虽然实物较为少见，但是从文献上看多数工艺精湛、釉层厚薄均匀，精美绝伦；景德镇窑生产的茄皮紫釉同建窑的紫建、定窑的紫定瓷器在釉层均匀上基本相似，以釉层均匀为显著特征；兔毫釉及油滴釉瓷器也是这样，不过以建窑生产为显著特征，其他时代和窑口所仿烧的建窑瓷器在这一特征上基本也保持了传统。鉴定时应注意分辨。

▲图 5-11　普通釉层略有不均的油滴釉黑瓷标本　宋代

5、 从精致程度上看。中国古代紫釉、缸胎釉、兔毫釉、油滴釉的瓷器与精致程度关系并不明确，我们可以看到精致、普通、粗糙的瓷器之上多数瓷器是釉层均匀（图5-11）。但是也有一些特定的造型，外壁釉层的均匀程度仅限于视觉能够观察到的地方，内壁我们视觉观察不到的地方有可能厚薄不均。鉴定时我们应注意分辨。

流釉

背景信息： 流釉是中国紫釉、缸胎釉、兔毫釉、油滴釉瓷器当中十分常见的一种窑内缺陷。流釉的形成主要是由于窑内的温度及釉层的流动速度比较快而形成，几乎所有的瓷器之上都有流釉现象，只是流釉程度的轻微和严重的问题，从这一点上看流釉实际上就是一种视觉上的概念。如果我们观察不到的流釉现象，即称为釉层匀净；如果我们视觉能够观察到流釉现象，显然已经形成轻微流釉；如果在视觉上流釉的面积比较大、流釉痕迹较大，那么显然就是严重流釉的现象。鉴定时应注意分辨。

鉴定要点：

1、 从流釉程度上看。中国古代紫釉、缸胎釉、兔毫釉、油滴釉瓷器在流釉程度上常见轻微流釉和严重流釉的现象，无流釉的情况也有见，但我们视觉基本观测不到，在中国古代紫釉、缸胎釉、兔毫釉、油滴釉瓷器中显然不占主流地位(图5-12)。严重流釉和轻微流釉相比，主要以轻微流釉为显著特征，严重流釉的现象很少见。鉴定时我们应注意分辨。

▲图5-12　有流釉紫釉瓷盒　明代

2、 从流釉部位上看。中国古代紫釉、缸胎釉、兔毫釉、油滴釉瓷器流釉部位有相当规律性的特征，这是由釉质流动性的客观性所决定的。釉质通常情况下是自上而下的过程，因此器皿的腹部以下经常出现流釉痕迹，但是这些流釉的痕迹表现得非常复杂。常见的有底足流釉，这是流釉的主流，不过从一般的规律性特征来看，器物釉层的流动性，多是在近底足处聚成流釉痕。但是从器物观测来看，中国古代紫釉、缸胎釉、兔毫釉、油滴釉瓷器在这一点上表现得不是很明显，有很多器物直至底足部分都没有看到流釉痕迹，更不要说严重流釉了。由此可见，中国古代紫釉、缸胎釉、兔毫釉、油滴釉瓷器对于流釉的控制具有相当一致性的特征（图5-13）。鉴定时应注意分辨。

半釉处流釉。在宋代有一些兔毫釉、油滴釉瓷器仍然保留着唐代施半釉的习俗。当然这种半釉显然不是绝对意义上的半釉，多数是下腹部露胎，但通常都会有一个大的流釉痕，在造型上也有一些限制，多数是限定在碗、盏等器皿之上，不仅在釉质上有盛唐遗风，而且在造型上也是这样。如它很多有流釉的器皿，它足部是玉璧足或玉环足，但是与唐代相比它的足部要矮得多。鉴定时应注意分辨。

3、从时代上看。中国古代紫釉、缸胎釉、兔毫釉、油滴釉瓷器流釉的时代特征比较复杂(图5-14)。宋代紫釉瓷器由于很少见到，文献上的记载也不是很明确，因此紫釉瓷器在流釉上特征并不鲜明；兔毫釉及油滴釉瓷器从时代上看以宋代为显著特征，建窑瓷器中多数兔毫釉、油滴釉瓷器在流釉上控制得比较好，只有少量瓷器有流釉现象，但是这些瓷器看起来流釉的痕迹都比较大，似乎并不在意这些流釉现象，于是就形成了多数控制流釉，而有少数并不避讳流釉。元明时期兔毫釉、油滴釉瓷器在流釉特征上基本延续宋代，但在流釉的痕迹上有所滥觞，流釉严重程度有所增加。鉴定时应注意分辨。

▲图5-13　有流釉紫釉瓷器标本　明代

▲图5-14　流釉明显紫釉瓷盒　明代

4、从窑口上看。中国古代紫釉、缸胎釉、兔毫釉、油滴釉瓷器在窑口特征上比较明晰，景德镇紫釉和建窑的紫建瓷器、以及兔毫釉和油滴釉瓷器之上流釉现象并不严重（图5-15），其他窑口生产的兔毫釉、油滴釉瓷器基本上也保留了这一传统。明清时期出现了茄皮紫釉，流釉现象在特征上非常明确，就是基本上杜绝了流釉现象。由此可见，中国古代紫釉、缸胎釉、兔毫釉、油滴釉瓷器在釉质的流釉上总体采取的是控制的态度。鉴定时应注意分辨。

▲ 图5-15　釉面匀净的洁白胎茄皮紫釉瓷器标本　清代

▲ 图5-16　釉面匀净的洁白胎茄皮紫釉瓷器标本　清代

5、从精致程度上看。中国古代紫釉、缸胎釉、兔毫釉、油滴釉瓷器的关系并不是很明确，只是有一定的关联，过于精致的中国古代紫釉、缸胎釉、兔毫釉、油滴釉瓷器很少见到有流釉的现象。如建窑瓷器中玉璧足的一些盏，虽然在半釉处有流釉，但这应该是一种仿古意的流釉方式，并不存在技术上的缺陷。从后来的景德镇窑烧造的茄皮紫釉上看，基本上很少见到流釉的现象。由此可见，中国古代紫釉、缸胎釉、兔毫釉、油滴釉瓷器在精致程度上表现出的是精品瓷器很少见流釉（图5-16），而普通和粗糙瓷器当中流釉现象常见。这一点我们在鉴定时应注意分辨。

背景信息：中国古代紫釉、缸胎釉、兔毫釉、油滴釉瓷器中有杂质的情况十分常见。杂质是一种缺陷，它与釉料的选择、淘洗有着密切的关联，从理论上讲无论再精致的瓷器釉质之内都会有杂质的存在，只是严重程度不同而已。如果我们的视觉观察不到杂质的存在，那么这样的瓷器显然就是釉质匀净，依次为轻微杂质和严重杂质的情况，由此可见，杂质犹如瓷器釉面上的一种点缀。我们在鉴定时应注意分辨。

鉴定要点：

1、从程度上看。中国古代紫釉、缸胎釉、兔毫釉、油滴釉瓷器在杂质的严重程度上特征非常明确，可以分为匀净、轻微、严重三个等级（图5-17）。匀净的中国古代紫釉、缸胎釉、兔毫釉、油滴釉瓷器当中几乎看不到任何杂质的存在，如传说中的紫定和紫建瓷器以及明清时期的茄皮紫釉，在釉面上基本保持了匀净的状态；兔毫釉、油滴釉瓷器在釉面杂质程度上显然达不到紫釉的水平，但多数兔毫釉、油滴釉瓷器即使较为精致的瓷器，如果我们仔细观测也可以看到星点状的杂质，但这些杂质多以针孔状出现，有的时候杂质的色彩与釉面色彩基本上已融为一体，因此从杂质的色彩上看多为轻微杂质，严重的杂质者也有

▲ 图5-17　严重杂质的紫釉瓷罐　清代

见，但数量很少，主要表现为杂质上的颗粒比较大，有时候有集中分布的现象。这一点我们在鉴定时应注意分辨。

2、从时代上看。中国古代紫釉、缸胎釉、兔毫釉、油滴釉瓷器有杂质的情况在时代特征上比较明显（图 5-18）。宋代的紫建、兔毫、油滴釉瓷器在杂质上数量上非常有限，多数不见杂质，即使有也是以轻微杂质为显著特征。但元明清时期要比宋代严重一些，不过宫廷使用的茄皮紫釉瓷器在杂质上比较好，仿烧的茄皮紫釉在杂质上依然是严重和轻微杂质的情况都有见。鉴定时应注意分辨。

▲图 5-18　略有杂质的紫釉瓷器标本　清代

3、从窑口上看。中国古代紫釉、缸胎釉、兔毫釉、油滴釉瓷器在窑口特征上比较明显。建窑生产的兔毫釉、油滴釉瓷器在杂质上处理得比较好，以轻微杂质为显著特征。景德镇窑生产的茄皮紫釉瓷器在釉质上达到了相当高的水平，基本上是釉层匀净的多。由此可见，民窑生产的中国古代紫釉、缸胎釉、兔毫釉、油滴釉瓷器在杂质处理上比较好，同一时期或者不同时期仿烧建窑的兔毫釉、油滴釉瓷器的作品，从目前发现的情况来看杂质上较为严重（图 5-19），但明清时期众多窑场所仿制的紫釉瓷器也是这样。鉴定时应注意分辨。

▲图 5-19　民窑产有杂质的紫釉瓷罐　清代

▲图 5-20 略有杂质的紫釉瓷碗 明代

4、从精致程度上看。 中国古代紫釉、缸胎釉、兔毫釉、油滴釉瓷器在精致程度上比较复杂（图 5-20），主要表现为不同时代、窑口在精致程度上不同，这一点非常明确。建窑瓷器中较为精致的兔毫釉及油滴釉瓷器在釉面杂质上处理比较好，如宋代定窑的紫定和建窑的紫建瓷器，在釉面杂质上表现比较好。但我们知道建窑瓷器当中大多数都是普通和粗糙的瓷器，这些瓷器以轻微杂质为显著特征，严重杂质的情况有一部分，元明清时期基本上延续了这一特征。但是明清茄皮紫釉瓷器在釉质杂质上表现比较好，特别是像明代弘治、嘉靖时期的茄皮紫釉瓷器，但是在康熙、雍正、乾隆之后茄皮紫釉在工艺上出现了下滑。鉴定时应注意分辨。

背景信息： 化妆土顾名思义就是像妇女在化妆时打的粉底一样，薄薄的一层，通常是白色的化妆土比较多，主要的作用是有利于胎釉之的结合，保持胎釉结合的紧密性，保证不出现胎釉和釉层剥离的现象。这种技术在六朝时期就有使用，所以在中国古代紫釉、缸胎釉、兔毫釉、油滴釉瓷器之上施加化妆土也是非常正常的现象，除了缸胎瓷器之外基本上都施加化妆土。鉴定时应注意分辨。

鉴定要点：

1、 从精细程度上看。中国古代紫釉、缸胎釉、兔毫釉、油滴釉瓷器在精致程度上比较明显，主要以精细的化妆土为显著特征（图 5-21）。通常情况下施加一层较薄的化妆土，平滑、细腻、均匀，但是中国古代紫釉、缸胎釉、兔毫釉、油滴釉瓷器当中化妆土露胎的情况比较少见，另外，化妆土较厚的情况不多见，这表明了中国古代紫釉、缸胎釉、兔毫釉、油滴釉瓷器主要是以人们日常生活当中的实用器为主。由此可见，中国古代紫釉、缸胎釉、兔毫釉、油滴釉瓷器十分重视化妆土的使用，这显然与其主要为销售和实用器的产品有关。鉴定时应注意分辨。

2、 从无化妆土看。中国古代紫釉、缸胎釉、兔毫釉、油滴釉瓷器无化妆土的概念主要有两种：一种就是通体不施加化妆土（图 5-22），这样的瓷器以缸胎的瓷器为显著特征；另外一种是局部未施加化妆土，这样的瓷器在中国古代紫釉、缸胎釉、兔毫釉、油滴釉瓷器当中有见，如兔毫釉、油滴釉的盏有的是下腹部、近底足处露胎，这些地方都是不施加化妆土的。由此可见，中国古代紫釉、缸胎釉、兔毫釉、油滴釉瓷器在化妆土的使用上主要是为了加强实用的需要，而并

▲图 5-21　油滴釉黑瓷标本　宋代

不像定窑和磁州窑瓷器那样是用化妆土来表现一些美的东西。鉴定时应注意分辨。

3、从时代上看。中国古代紫釉、缸胎釉、兔毫釉、油滴釉瓷器在时代特征上比较明确，无论紫釉还是兔毫釉、油滴釉瓷器在各个时代基本上都是施加化妆土，

态度比较认真，很少发现中国古代紫釉、缸胎釉、兔毫釉、油滴釉瓷器胎釉有剥离的现象。中国古代紫釉、缸胎釉、兔毫釉、油滴釉瓷器的这一特征基本上是一个传承的过程，从宋元时期到明清都是这样。鉴定时应注意分辨。

▲图5-22　缸胎未施化妆土的瓷器标本　明代

4、从窑口上看。中国古代紫釉、缸胎釉、兔毫釉、油滴釉瓷器的化妆土在土窑口特征上比较明显，无论是名窑还是普通窑在特征上都十分相似（图5-23），精益求精，很少发现有施化妆土的情况。但相对而言名窑生产的瓷器在化妆土上略微精细一些，使用的原料也是较为优良，如景德镇窑生产茄皮紫釉等，在烧造态度上相比较可能更为认真。鉴定时应注意分辨。

▲图5-23　建窑施精细化妆土的油滴釉黑瓷标本　宋代

5、从精致程度上看。中国古代紫釉、缸胎釉、兔毫釉、油滴釉瓷器化妆土与精致程度的关系并不复杂，除了一些过于精致的瓷器。如为宫廷烧造的瓷器在化妆土上有表现出过于精致的倾向外，其他的民窑使用的瓷器无论是精致、普通、粗糙的化妆土特征基本相似，有的很精致的瓷器使用的是一种化妆土，但是我们发现有的较为普通或是较为粗糙的瓷器之上使用的化妆土基本上都是一致的。鉴定时应注意分辨。

背景信息：中国古代紫釉、缸胎釉、兔毫釉、油滴釉瓷器中稠密的瓷器时常有见，而且数量惊人，无论精致、普通、粗糙瓷器中都有见，墓葬和遗址当中基本都有出土（图5-24）。由此可见，厚釉与釉质稠密显然是中国古代紫釉、缸胎釉、兔毫釉、油滴釉瓷器较为典型的特征，也是主流特征。从概念上看，釉质稠密是视觉上的概念，并没有什么尺寸意义上的标准来加以判断，而是完全依赖于我们的视觉，只要我们的视觉感觉是比较稠密，或是不像定窑白瓷那样通过它的釉面就可以看到它的胎体色彩，这种情况我们都称为釉质稠密。中国古代紫釉、缸胎釉、兔毫釉、油滴釉瓷器在釉质稠密上特征很明确，明显表现出了稠密性的特征（图5-25）。这一点我们在鉴定时应注意分辨。

▲图5-24　釉质稠密的油滴釉黑瓷标本　宋代

▲图5-25　釉质稠密的紫釉瓷器标本　清代

鉴定要点：

1、从厚釉上看。中国古代紫釉、缸胎釉、兔毫釉、油滴釉瓷器当中厚釉者比较少见，以较厚釉的瓷器为显著特征。较厚釉的瓷器一般我们都能看到结晶状的釉层都是相当稠密，几乎没有任何通透感，这样的器皿在宋代的建窑当中是十分常见，主要以兔毫釉和油滴釉为显著特征，其他时代所仿制兔毫釉、油滴釉的器皿基本上也是这样（图 5-26），而且这一传统基本上贯穿于兔毫釉及油滴釉瓷器的始终。鉴定时应注意分辨。

2、从较薄釉上看。中国古代紫釉、缸胎釉、兔毫釉、油滴釉瓷器以较薄釉为显著特征。多数瓷器在釉层上表现出的是较薄釉的特征，特别是紫釉瓷器，茄皮紫釉瓷器在釉层上还是较厚一点，民间仿造的茄皮紫釉在釉层上还是比较薄，这可能与成本的控制有密切的关系。但是这些相当薄的紫釉瓷器在釉层上特别稠密，我们几乎看不到任何的胎体，实际上有的时候釉层已经相当的薄，但是我们不能看到任何向薄发展的倾向。这一点我们在鉴定时应注意分辨。

3、从时代上看。中国古代紫釉、缸胎釉、兔毫釉、油滴釉瓷器在釉质稠密上时代特征很明确，基本上各个时代都有见。宋元时期都有有见（图 5-27），明清时期也有见，可见釉质稠密几乎贯穿到了中国古代紫釉、缸胎釉、兔毫釉、油滴釉瓷器的始终。鉴定时应注意分辨。

▲图 5-26　釉质稠密的紫釉瓷罐　清代

▲图 5-27　釉质稠密的兔毫釉瓷器标本　元代

4、从窑口上看。中国古代紫釉、缸胎釉、兔毫釉、油滴釉瓷器釉质稠密者各个窑口都有见，如建窑、定窑、景德镇窑所生产中国古代紫釉、缸胎釉、兔毫釉、油滴釉瓷器都有见，而且是占据了绝对的主流状态。釉质稀薄的釉质几乎不见，特别是有一些建窑瓷器内壁施釉非常薄，但是如果我们从胎体横截面上看，即使这种相当薄的釉质在稠密程度上也是比较好。看来中国古代紫釉、缸胎釉、兔毫釉、油滴釉瓷器较为崇尚釉质的稠密，并且排斥釉质稀薄的存在。鉴定时应注意分辨。

▲图 5-28　兔毫釉黑瓷标本　宋代

5、从精致程度上看。中国古代紫釉、缸胎釉、兔毫釉、油滴釉瓷器稠密者与精致程度的关系并不密切，几乎所有的精致、普通、粗糙的中国古代紫釉、缸胎釉、兔毫釉、油滴釉瓷器在釉质的稠密程度上都是稠密（图 5-28）。

手感

中国古代紫釉、缸胎釉、兔毫釉、油滴釉瓷器在手感上特征非常明显，主要两个方面的特征：一是手感上的特征，二是在重量上的特征。在釉质上有两极化的趋势，就是精致的中国古代紫釉、缸胎釉、兔毫釉、油滴釉瓷器在手感上非常的润泽，给人以沐春风般的感觉，非常美好；从玉质感看，除了缸胎瓷器之外，紫釉、兔毫釉、油滴釉瓷器都有玉质感；另外一极是普通和粗糙的瓷器在手感上多能感受到涩感（图5-29），只是涩感程度不同而已，玉质感等很多美的感觉消失。其原因很明确，就是民窑用器在釉质上有涩感很正常，不过中国古代紫釉、缸胎釉、兔毫釉、油滴釉瓷器并不避讳这些缺陷。鉴定时应注意分辨。

▲图5-29 手感细腻的紫釉烟壶 民国

第二节 ○ 施釉特征

背景信息： 中国古代紫釉、缸胎釉、兔毫釉、油滴釉瓷器通体施釉的情况比较常见。可以说大多数的瓷器都是通体施釉，有很多较为精致的建窑盏、盒、瓶等也有通体施釉的情况。但从总量上来看通体施釉的情况显然没有局部施釉者多，在施釉特征上处于辅助的地位。鉴定时应注意分辨。

鉴定要点：

1、 从造型上看。通体施釉的中国古代紫釉、缸胎、兔毫、油滴釉瓷器中的紫定和紫建瓷器，根据文献记载来看，我们可以推测过于精致的瓷器应该是通体施釉的（图5-30），特别是为宫廷烧造的瓷器当中有很多是通体施釉，目的很简单，就是宫廷内的许多家具都是用红木和檀木制作，为了不划伤家具的表面。有很多器皿都是通体施釉，各种各样的器物都有见，其显著特征为是否为宫廷烧造。这一点我们在鉴定时应注意分辨。

▲ 图5-30 施满釉的洁白胎茄皮紫釉瓷器标本 清代

2、从时代上看。通体施釉的中国古代紫釉、缸胎釉、兔毫釉、油滴釉瓷器时代特征十分鲜明，它的鼎盛期主要表现为两个阶段：一是宋代为宫廷烧造或者是一些过于精致的瓷器多为通体施釉，而民间使用的瓷器很难达到通体施釉的水平；另外，一个时间段就是明清时期的茄皮紫釉，以景德镇窑烧制的茄皮紫釉为显著特征，主要是为宫廷所烧造，所以在通体施釉上表现得比较明显，有很多瓷器都是通体施釉。鉴定时应注意分辨。

3、从窑口上看。中国古代紫釉、缸胎釉、兔毫釉、油滴釉瓷器通体施釉的窑口是不存在，各个窑口都有少量的通体施釉者，大量的都是一些未施全釉者，无论是定窑还是建窑都是这样的。如果说有一个窑场绝大多数都是通体施釉，显然就是景德镇窑所烧造的茄皮紫釉，但数量很少。鉴定时应注意分辨。

4、从精致程度上看。中国古代紫釉、缸胎釉、兔毫釉、油滴釉瓷器通体施釉与精致程度的关系十分密切，通体施釉的瓷器基本上都是精致的瓷器，但精致的瓷器却未必都是通体施釉者，这种辩证关系我们要能够理解。普通和粗糙的瓷器当中也有见通体施釉者，但数量很少。鉴定时我们应注意分辨。

局部施釉

背景信息： 中国古代紫釉、缸胎釉、兔毫釉、油滴釉瓷器局部施釉的情况十分常见（图5-31），可以说是施釉特征的主流。鉴定时应注意分辨。

▲图5-31 局部施釉的紫釉双系缸　元代

鉴定要点：

1、 从部位上看。中国古代紫釉、缸胎釉、兔毫釉、油滴釉瓷器局部施釉的情况十分常见，就是从部位上看是异常的繁多，如底足不施釉、施半釉、除底足外均施釉等情况都有见，整个比较复杂，是以近底足处未施釉为显著特征。之所以出现这种现象与其民窑的地位密切相关，就是成本能下降一点就降一些，这样对于瓷器的价格会有很大的影响。由此可见，中国古代紫釉、缸胎釉、兔毫釉、油滴釉的瓷器一切都还是以销售为显著特征（图5-32）。鉴定时应注意分辨。

▲图5-32　局部施紫釉瓷盒　明代

2、 从时代上看。中国古代紫釉、缸胎釉、兔毫釉、油滴釉瓷器局部施釉者在时代特征上不是很明显，但有一些特征可以供我们参考。如宋代还可以看到一些仿唐意的施半釉的兔毫釉、油滴釉瓷器，特别是兔毫釉瓷器时常有见，这种情况在元代很少见，明清时期更为少见（图5-33），其他特征似乎并不是很明确，多数没有表现出过于规律性的特征，各种局部施釉的情况都有见。鉴定时应注意分辨。

3、 从窑口上看。中国古代紫釉、缸胎釉、兔毫釉、油滴釉的瓷器局部施釉者各个窑口都有较为相似，没有过于规律性的特征（图5-34）。我们鉴定时应注意分辨。

4、 从精致程度上看。中国古代紫釉、缸胎釉、兔毫釉、油滴釉瓷器局部施釉与精致程度的关系不明显，各种情况都有见（图5-35）。精致的瓷器当中也可能出现各种各样局部施釉的情况，如施釉近底足、下腹部未施釉等情况都有见；普通和粗糙的瓷器更是这样，各种各样局部施釉的情况都有见。从精致程度上看，中国古代紫釉、缸胎釉、兔毫釉、油滴釉瓷器基本上无太大的规律可言。这一点我们在鉴定时应注意分辨。

▲图5-33　局部施紫釉瓷罐　清代

▲图5-34　足底未施釉瓷碗　明代

▲图5-35　局部施紫釉烟壶　民国

主要参考文献：

1、江西省文物考古研究所、景德镇陶瓷历史博物馆：《景德镇湖田窑 H 区附属主干道发掘简报》，《文物》，1990 年第 4 期。

2、山东省文物考古研究所、龙口市博物馆：《山东龙口市阎家店遗址发掘简报》，《华夏考古》，2004 年第 3 期。